INSTRUCTIONS

RELATIVES

AUX POÉSIES POPULAIRES

DE LA FRANCE.

DÉCRET DU 13 SEPTEMBRE 1852.

PARIS.

IMPRIMERIE IMPÉRIALE.

M DCCC LIII.

Sp
115

INSTRUCTIONS

RELATIVES

AUX POÉSIES POPULAIRES DE LA FRANCE.

DÉCRET DU 13 SEPTEMBRE 1852.

EXTRAIT

DU BULLETIN DU COMITÉ DE LA LANGUE, DE L'HISTOIRE
ET DES ARTS DE LA FRANCE.

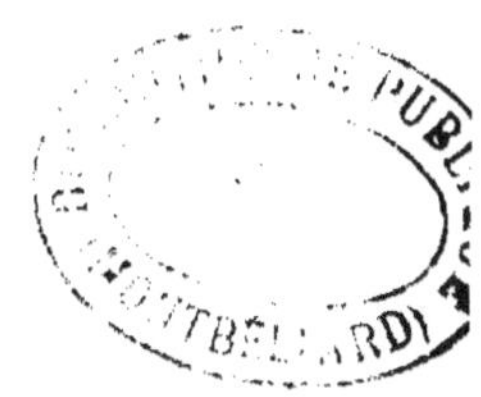

POÉSIES POPULAIRES DE LA FRANCE.

INSTRUCTIONS

DU COMITÉ DE LA LANGUE, DE L'HISTOIRE ET DES ARTS DE LA FRANCE [1].

Un décret du 13 septembre 1852, rendu sur le rapport de M. le Ministre de l'instruction publique, a prescrit la formation d'un *Recueil des poésies populaires de la France*, et en a confié la publication au comité de la langue, de l'histoire et des arts de la France.

Dans presque tous les autres pays de l'Europe, de pareilles collections ont été formées.

Si la France est moins avancée à cet égard, ce n'est pas, comme on l'a cru quelquefois, ce n'est pas que la poésie populaire manque à notre pays.

Cette lacune a pour cause un dédain irréfléchi né des habitudes un peu mondaines que notre littérature avait peut-être trop empruntées à notre ancienne société, dont elle offrait une si brillante image. Ce préjugé doit disparaître dans nos temps nouveaux; on peut dire qu'il s'est déjà considérablement affaibli. Des hommes éminents ont appelé sur la poésie populaire l'intérêt dont elle est digne. A leur tête, la reconnaissance fait un devoir de citer l'éditeur des *Chants populaires de la Grèce moderne*, M. Fauriel, dont le goût délicat appréciait si bien les franches beautés de cette simple poésie; du reste, même aux époques antérieures, quelques-uns des plus illustres représentants de notre littérature n'avaient pas été insensibles à ces beautés.

Montaigne avait admirablement compris, et a exprimé, avec son bonheur ordinaire de langage, le mérite d'une poésie naïve et vraie comme son propre génie.

« La poésie populaire [2], » disait-il, et c'est peut-être la première fois que cette expression a été employée dans notre langue, « la poésie populaire et purement naturelle a des naifvetez et graces,

---

[1] Ces instructions ont été rédigées par M. Ampère, membre du comité.

[2] *Essais de Michel de Montaigne*, l. Ier, ch. LIV, t. III, p. 35-6 de l'édition de M. V. le Clerc.

par où elle se compare à la principale beauté de la poésie parfaicte selon l'art, comme il se veoid ez villanelles de Gascoigne et aux chansons qu'on nous rapporte des nations qui n'ont cognoissance d'aulcune science ni mesme d'escripture. La poésie médiocre, qui s'arreste entre deux, est desdaignée, sans honneur et sans prix. »

Dans le siècle suivant, le grand peintre de l'homme, Molière, parlant par la bouche d'Alceste, mettait au-dessus de la poésie à la mode parmi les beaux esprits de son temps cette simple chanson populaire [1] :

Si le roi m'avait donné
Paris sa grand'ville,
Et qu'il me fallût quitter
L'amour de m' amie,
Je dirais au roi Henri
Reprenez votre Paris,
J'aime mieux m' amie
Au gué,
J'aime mieux m' amie.

Le comité a dû s'occuper d'abord de déterminer ce qui devait être compris dans un recueil de poésies populaires. Fallait-il y faire entrer tous les ouvrages marqués du sceau de la popularité, composés pour un public populaire, qui se sont transmis par le chant ou par la récitation orale, tels que les *chansons de geste* du moyen âge. Quelque tenté qu'il fût d'admettre ces poëmes si intéressants à tant d'égards, et dont il serait heureux de voir publier un plus grand nombre, le comité n'a pas cru devoir céder à ce désir; les dimensions de ces ouvrages eussent suffi pour l'en détourner; ils auraient démesurément élargi le cadre de ses publications. Le comité pense qu'il est à souhaiter que les *chansons de geste* les plus remarquables soient données au public, mais à part et formant un corps de poésie épique du moyen âge. Si cependant on découvrait des nouveaux poëmes de ce genre à l'état primitif, et portant évidemment l'empreinte d'une origine vraiment popu-

---

[1] Le Henri de cette *vieille chanson,* comme l'appelait Molière, n'est point Henri IV, mais Henri II. Suivant M. de Pétigny, membre non-résidant du comité (*Histoire archéologique du Vendômois,* p. 342), elle aurait été composée par Antoine de Navarre, duc de Vendôme, qui réunissait de gais convives au château de la Bonnaventure, près le Gué-du-Loir, et se plaisait à y composer avec eux de joyeuses chansons. Le refrain, qui fait allusion à la position du manoir, doit donc être orthographié *au gué,* et non *ô gué,* comme cela a eu lieu dans la suite par corruption.

laire, le comité inviterait les auteurs de ces découvertes à lui en communiquer les fruits, se réservant de prononcer sur l'emploi qui devrait en être fait.

Le comité ne considère comme tout à fait populaires, que des poésies nées spontanément au sein des masses, et anonymes, ou bien celles qui ont un auteur connu, mais que le peuple a faites siennes en les adoptant. Ces dernières seront admises à titre exceptionnel, et quand il sera bien constaté que, non-seulement elles ont eu une certaine vogue, mais qu'elles ont passé dans la circulation générale, et sont devenues la propriété du peuple. Ceci exclut toutes les compositions populaires d'intention, non de fait, toutes les poésies destinées au peuple, mais qui ne sont pas arrivées à leur adresse.

Les limites de la France actuelle sont les seules limites que reconnaisse le comité. Tout ce qui s'est produit sur notre territoire, tel qu'il est aujourd'hui constitué, nous appartient. Cependant si quelques poésies populaires existaient dans certaines provinces avant leur réunion à la France, nous les considérons comme faisant partie de la conquête ou acquises par l'annexion, et nous n'hésitons pas à nous en emparer.

De là résulte la nécessité d'ouvrir le recueil aux poésies populaires composées dans tous les langages qui sont aujourd'hui parlés en France, savoir: les dialectes néo-latins; l'allemand, pour les provinces de l'Est; le flamand, pour celles du Nord; le bas breton, pour la Bretagne; l'italien, pour la Corse; le catalan, pour le Roussillon; le basque même, pour une partie de nos Pyrénées. Des traductions littérales seront mises en regard du texte original des poésies composées dans ces différents idiomes, poésies qu'on admettra sans doute avec sobriété, puisqu'elles n'appartiennent qu'à des localités, mais qu'on ne saurait exclure sans mutiler notre poésie populaire, et sans faire injure aux populations françaises au sein desquelles se sont produites ces compositions, nationales par l'inspiration, dont le vocabulaire peut se retrouver à l'étranger, mais n'en est pas moins le vocabulaire indigène d'une portion de nos compatriotes.

On pourra s'adresser même à des populations françaises qui n'appartiennent plus à la France, quand elles auront conservé des chants populaires qui remontent à une époque antérieure à leur séparation de la mère patrie. Ainsi, des chants savoyards devront faire partie du recueil; ainsi, dans le bas Canada, vivent encore d'anciennes chansons françaises, héritage fidèlement gardé sous la domination étrangère, et que nous avons le droit de revendiquer. Un membre du comité a entendu chanter, par des Canadiens français, la romance de la *Claire fontaine,* que M. Marmier a publiée (*Lettres sur l'Amérique*), dans laquelle il a retrouvé un chant populaire de la Franche-Comté, et qui appartient aussi à la Bretagne[1].

Il y a plus, les Indiens *coureurs de bois* savent encore de vieux refrains français, qui, égarés bien loin de leur berceau, retentissent aujourd'hui dans les forêts et les déserts immenses situés entre le Canada et l'Orégon. M. de Tocqueville a entendu, dans l'Amérique du Nord, un *bois-brûlé*[2] chanter, sur un air très-mélancolique, une chanson française qui commençait ainsi :

> Entre Paris et Saint-Denis
> Il était une fille.....

De même le *Chant de la Vallière*[3], qui n'est qu'un refrain des montagnards du Quercy, a été retrouvé, sous la restauration, par un Périgourdin, sur les rives du Mississipi.

A plus forte raison les chants créoles, qui ont cours dans les colonies que nous possédons encore, devront entrer dans la collection.

En ce qui concerne les chants populaires bas bretons, le recueil de M. de la Villemarqué, membre du comité, a montré ce que ce dialecte celtique offrait de richesses en ce genre.

Quant au basque, dans lequel on s'accorde à reconnaître un débris de la langue des Ibères, M. Guill. de Humboldt cite le *Chant de Lélo,* où il est parlé des Romains. M. Garay de Monglave a fait connaître un autre chant basque dont la physionomie populaire est frappante, au moins dans certaines parties. Il s'agit probablement de l'armée de Charlemagne, dont, comme on sait, l'arrière-garde fut mise en déroute, par les populations gasconnes, dans la vallée de Roncevaux.

Voici quelques fragments de ce chant.

> Un cri s'est élevé au milieu des montagnes des Escualdunacs.
> . . . .
> Ils viennent, ils viennent.....
> Combien sont-ils? Enfant, compte-les bien.
> Un, deux, trois, quatre, cinq, six, sept, huit, neuf, dix, onze,

[1] Voyez p. 11 et 42.

[2] On nomme ainsi un métis né d'une Indienne et d'un Européen.

[3] Transmis au comité de la part de M. Lecomte, par M. Vincent, membre du comité.

Douze, treize, quatorze, quinze, seize, dix-sept, dix-huit, dix-neuf, vingt,
Vingt et des milliers encore,
On perdrait son temps à les compter.
Unissons nos bras nerveux, déracinons les rochers,
Lançons-les du haut des montagnes
Jusque sur leurs têtes,
Écrasons-les, tuons-les.
. . . .
Le sang jaillit, les chairs palpitent,
Oh combien d'os broyés! quelle mer de sang!
. . . .
Ils fuient, ils fuient.
. . . .
Combien sont-ils? Enfant, compte-les bien.
Vingt, dix-neuf, dix-huit, dix-sept, seize, quinze, quatorze, treize, douze, onze.
Dix, neuf, huit, sept, six, cinq, quatre, trois, deux, un.
Un! il n'y en a même plus un.
. . . .
La nuit les aigles viendront manger ces chairs écrasées,
Et tous ces os blanchiront durant l'éternité.

Nous citerons, comme exemple plus récent des chants populaires du pays basque, une chanson dont la traduction a été dictée à M. de Quatrefages par une vieille femme de Biarritz.

SANTA-CLARA.

Dans Ataratz, les cloches de l'église ont sonné tristement d'elles-mêmes. La jeune Santa-Clara part demain. Les grands et les petits prennent le deuil : Santa-Clara part demain. On dore la selle de son cheval et sa valise d'argent.

« Mon père, vous m'avez vendue comme une vache à un Espagnol. Si j'avais encore ma mère vivante comme vous, mon père, je ne serais pas allée en Espagne, mais je serais mariée au château d'Ataratz. »

Au château d'Ataratz, deux oranges ont fleuri[1]; nombreuses sont les personnes qui les ont demandées : on a toujours répondu qu'elles n'étaient pas mûres.

« Mon père, partons gaiement : vous reviendrez les yeux pleurants et le cœur triste, et vous vous retournerez souvent pour regarder votre fille sous sa pierre de tombe.

« Orissou, la longue montagne, je l'ai passée à jeun. En arrivant de l'autre côté, je trouvai une pomme et je l'ai mangée; elle a touché tout mon cœur[2].

[1] On voit plus loin qu'il s'agit de Santa-Clara et de sa sœur.
[2] *Manger la pomme,* se dit également pour s'éprendre d'un amour pur et pour commettre une faute.

« Ma sœur, va à la chambre du troisième étage pour voir s'il fait Egua [1] ou Iparra [2]. Si Iparra souffle, tu le chargeras de compliments pour Sala, et si c'est Egua, tu lui diras qu'il vienne chercher mon corps.

« Ma sœur, va chercher maintenant ma robe blanche; va chercher ta robe noire. » Elle s'habille en blanc, et sa sœur en noir. Elle monte à la croisée pour voir si elle peut apercevoir Sala. Elle le voit arriver de loin : elle se précipite et tombe morte. Personne n'a pu enlever le corps. Sala seul a pu le relever.

Dans le département des Pyrénées-Orientales, le catalan, qui, comme on sait, tient moins de l'espagnol que du provençal, existe à l'état de langue indigène : il sera donc admis à figurer dans le recueil.

M. Junquet, sergent au troisième régiment du génie, a envoyé des poésies catalanes, dont quelques-unes portent le caractère d'une inspiration vraiment populaire.

Les différents dialectes de la France méridionale ont leurs chants populaires. M. Garay de Monglave a fait connaître au comité plusieurs chants béarnais.

Parmi eux se trouve la chansonnette de Gaston Phœbus, que le poëte Jasmin, dont le nom se rencontre naturellement quand il s'agit de poésie méridionale et populaire, a transportée heureusement dans une de ses plus charmantes compositions, et dont voici la traduction, d'après M. Garay de Monglave :

Ces montagnes qui sont si hautes
M'empêchent de voir où sont mes amours.
Si je savais où les voir, où les rencontrer,
Je franchirais le torrent sans crainte de me noyer.
De la patience, les montagnes s'abaisseront,
Et mes amours paraîtront.

Cette chansonnette a évidemment pour origine un chant populaire qui se retrouve ailleurs avec plus de vivacité, notamment dans la version suivante, provenant du département de la Corrèze :

[1] Le vent du sud.
[2] Le vent du sud-ouest.

Baichate montagne.

. . . .

Baisse-toi, montagne,
Lève-toi, vallon ;
Vous m'empêchez de voir
Ma Jeanneton.

. . . .

La chute un peu burlesque qui termine ce couplet, et que nous ne reproduirons pas ici, est une preuve de plus de son origine populaire.

Une autre preuve de cette origine, c'est que la même donnée se retrouve dans un chant populaire de la Grèce moderne.

La Corse a ses chants funèbres dont le nom est *vocero* (il en sera parlé plus loin) et des pièces appelées *serenate*. Deux d'entre ces dernières ont été communiquées par M. Mérimée, membre du comité.

La *serenata* est, en général, comme une litanie amoureuse ; l'objet aimé est comparé dans chaque distique à une fleur différente.

L'existence de chants populaires dans la partie de la France où l'on parle flamand est prouvée par les envois des correspondants. Le comité doit à l'un d'eux, M. de Coussemaker, un chant qui, par une rencontre singulière, se retrouve aussi en Lithuanie, et un autre intitulé *Le Messager d'amour*.

LE MESSAGER D'AMOUR.

Un petit oiseau, blanc comme neige, se balançait sur une branche d'épine.

« Veux-tu être mon messager ? » — « Je suis trop petit, je ne suis qu'un petit oiseau. »

— « Si tu es petit, tu es subtil ; tu sais le chemin ? » — « Oui, je le connais bien. »

Il prit le billet dans son bec, et l'emporta en s'envolant.

Il s'envola jusqu'à la demeure de m' amie. — « Dors-tu, veilles-tu, es-tu trépassée ? »

— « Je ne dors ni ne veille, je suis mariée depuis une demi-année. »

— « Tu es mariée depuis une demi-année ; il me semblait que c'était depuis mille ans [1]. »

Pour l'allemand parlé dans les provinces orientales de la France, le comité n'a reçu et ne saurait indiquer aucun chant populaire ;

___

[1] Voyez aussi *Les Flamands de France*, études sur leur langue, leur littérature et leurs monuments par M. Louis de Baeker. Gand, 1851, p. 97. Du reste, en indiquant de quelles mains il a reçu des chants populaires, le comité n'entend point établir qu'ils n'aient pas été déjà publiés.

mais il ne doute pas que de tels chants n'existent, et il invite à les recueillir.

On a agité ensuite la question des époques et des siècles que le recueil devait embrasser.

Les considérations énoncées plus haut ne permettent pas d'exclure les chants populaires en latin appartenant à l'époque où cette langue, plus ou moins altérée, était la langue du peuple français, ni ceux qui plus tard sont nés dans certaines classes de la société, pour lesquelles, même après la naissance du français, le latin était encore comme une langue vulgaire, parmi les religieux et les écoliers des universités.

Ces chants, dont un grand nombre ont été publiés par M. Edélestand du Méril, formeront dans le recueil une sorte d'introduction ; ainsi l'histoire de la littérature latine à la même époque dans notre pays a été considérée, par nos savants bénédictins et par leurs doctes continuateurs, comme faisant partie de l'histoire littéraire de la France. Le chant latin rimé qui célébrait la victoire remportée en 622 par Clothaire sur les Saxons :

> De Chlotario est canere rege Francorum,
> Qui ivit pugnare in gentem saxonum.
> . . . .

ce chant fut bien réellement populaire, puisque l'auteur de la vie de saint Pharon, qui le cite, dit qu'il était répandu parmi les paysans, volait de bouche en bouche, et que les femmes l'accompagnaient de danses et de battements de mains [1].

Avec les chants latins, on placera ceux qui sont moitié latins, moitié français, comme le chant souvent cité que les écoliers d'Abeilard avaient composé sur sa résolution de quitter le Paraclet, et dans lequel trois vers latins rimés étaient suivis de ce vers français :

> Tort a vers nos li mestres.

Tel est aussi celui que, selon M. Edélestand du Méril (*Poésies latines du moyen âge*, p. 6), le peuple chantait encore à Évreux vers le commencement du XVIIIe siècle, le jour de la fête de *l'Abbé des Cornards*.

Les vers latins qui ont été populaires sont généralement rimés.

Si les chants en vers latins sont admis, à plus forte raison devront être admises les poésies vraiment populaires écrites dans le

---

[1] « Ex qua victoria *carmen publicum* juxta rusticitatem per omnium pene volita- « bat ora ita canentium, fœminæque choros inde plaudendo componebant. »

français du moyen âge. Les poésies lyriques des troubadours et des trouvères doivent, en général, être exclues, parce qu'elles sont un produit de l'art, mais le *Romancero français*, de M. Paulin Paris, membre du comité, et le recueil des *Chants historiques français*, de M. Leroux de Lincy, contiennent plusieurs romances narratives, telles que *la Bele Emmelos, la Bele Erembors*, qui, bien que leur auteur soit parfois connu, paraissent empreintes du caractère propre aux poésies populaires.

Il a fallu déterminer aussi à quelle date devront s'arrêter les publications admises dans ce recueil. On a pensé qu'il ne devait pas s'ouvrir à des œuvres contemporaines, dans lesquelles les hommes vivants ou les opinions diverses pourraient se trouver attaqués ou célébrés. Mû par ces considérations, le comité a résolu de ne faire entrer dans la collection que des poésies antérieures au xixe siècle.

Une question s'est présentée. Fallait-il admettre seulement la poésie populaire chantée? Fallait-il admettre également des poésies qui auraient été récitées publiquement, et même qui, grâce à une circulation considérable à l'état de manuscrits ou d'imprimés, auraient eu une existence véritablement populaire.

Le comité a été d'avis que la poésie chantée devait former le fond de la collection et y tenir la plus grande place; mais il a pensé que des compositions poétiques, soit récitées en public, soit manuscrites ou imprimées, dont l'origine et la destinée seraient très-évidemment populaires, pouvaient être admises accessoirement, et M. V. le Clerc, membre du comité, a rédigé en conséquence la note que voici :

« Le comité invite les personnes qui s'occuperont de recueillir des ballades narratives, des complaintes et autres chants populaires, à faire aussi parvenir au comité, dans le cas où leurs recherches seraient heureuses, l'indication et, s'il est possible, la copie des manuscrits inédits qui renfermeraient, en langue vulgaire et en rimes, des Sermons, des Vies de saints ou de saintes, des Moralités et enseignements, des Dits sur les diverses professions, des Débats et disputes, des Jeux ou pièces dramatiques, comme *Aucassin et Nicolette, Robin et Marion;* des Contes, Lais ou Fabliaux; car dans tous ces genres de composition, dans les sermons eux-mêmes, peuvent se trouver des chants ou des fragments de chants populaires. »

Quant aux poésies chantées, qui sont appelées à former de beau coup la majorité des pièces contenues dans la collection, il est très-important de recueillir et de publier autant que possible les airs aussi bien que les paroles.

M. Vincent, membre du comité, a bien voulu fournir à cet égard les indications et directions suivantes :

« Les paroles ne sont que l'une des parties de toute chanson. Il est donc fort à désirer que les correspondants prennent le soin d'indiquer les airs des chants dont ils communiqueront les paroles, lorsque ces airs seront déjà suffisamment connus; ou même, dans le cas contraire, d'y joindre les notes de musique ou de simple plain-chant.

« Il n'est point aujourd'hui de ville et même de village où quelques habitants ne soient suffisamment instruits pour pouvoir écrire à la dictée, c'est-à-dire à l'audition, une phrase mélodique simple, comme le sont nécessairement les airs de tous les chants qui ont acquis les honneurs de la popularité. Mais le comité doit signaler ici à ses correspondants un écueil contre lequel pourraient se trouver arrêtées quelques personnes, très-bonnes musiciennes d'ailleurs (et précisément par cela même qu'elles sont musiciennes), mais qui, n'ayant point fait une étude spéciale de l'histoire de l'art, ignorent que les formes mélodiques adoptées aujourd'hui généralement, exclusivement même, ne sont pourtant qu'une particularité au milieu des formes nombreuses et bien plus variées par lesquelles elles ont pu passer dans la série des âges. Mais, sans entrer dans des détails qui seraient ici hors de propos sur la nature et sur l'histoire du rhythme et de la tonalité, nous nous bornerons à dire que beaucoup d'anciens airs diffèrent des airs modernes, non-seulement par l'absence d'une mesure et d'un rhythme bien déterminés, mais par deux circonstances caractéristiques : 1° que l'air peut finir autrement que sur la tonique, comme dans l'exemple suivant, qui se termine sur la dominante :

[1] Voyez p. 34.

2° Que l'air peut n'avoir point de note sensible, c'est-à-dire
que le degré immédiatement inférieur à la tonique, au lieu d'en
différer d'un demi-ton seulement, comme cela a toujours lieu dans
la tonalité moderne, notamment dans le mode majeur, et même
dans le mode mineur quand la progression est ascendante, en
diffère, au contraire, d'un ton plein, comme dans cet autre
exemple :

« Ces deux circonstances, même celle qui regarde l'absence ou
l'irrégularité du rhythme, peuvent s'exprimer d'une manière
simple et pratique, en disant qu'elles font ressembler la cantilène
à un *air de plain-chant.*

« Or, quand une mélodie présente ces caractères, qui sont pour
elle comme un cachet d'antiquité, on conçoit combien il est important de les lui conserver. Mais, comme nous l'avons indiqué
plus haut, les musiciens non archéologues, entraînés par leurs
habitudes, éprouvent malgré eux la tentation de faire disparaître
cette rouille précieuse, croyant enlever une tache. Pour les pré-
munir, il nous suffira de leur adresser cette simple recommanda-
tion : *Écrivez l'air tel que vous l'entendez chanter, et ne changez rien.*

« Nous dirons aussi à nos correspondants : *Ne nous composez
pas d'accompagnements,* et ne nous en envoyez aucun, si, faisant,
en quelque sorte, un corps avec la chanson, il ne satisfait, comme
elle, à la condition indispensable d'antiquité.

« Nous accueillerons, au même titre, un air dépouillé de paroles, si, néanmoins, la tradition le rapportait à quelque chanson
perdue. »

On peut puiser la poésie populaire à trois sources : dans les
ouvrages publiés, dans les manuscrits et dans la tradition orale.

Les correspondants sont priés d'indiquer le titre exact, la date
et l'édition des ouvrages publiés dans lesquels ils auront trouvé
un chant populaire.

¹ Voyez p. 42.

2.

Quant aux manuscrits, on fera connaître leur provenance, on décrira la condition dans laquelle ils se trouvent, on s'efforcera de déterminer leur âge, et on établira leur authenticité.

Si l'on trouve des variantes, on aura soin de les recueillir et de les envoyer au comité. On fera de même pour les chants conservés par la tradition orale, dont le caractère est d'être perpétuellement modifiés par la transmission vivante qui les perpétue [1].

Ces principes généraux établis, il reste à distinguer en différentes classes les poésies populaires dont le comité devra s'occuper, et qu'il invite ceux qui voudront bien lui venir en aide à recueillir dans toute la France.

I.

POÉSIES RELIGIEUSES.

1. Prières.

A cette classe appartiennent certains chants dévots qui tiennent de la nature de la prière, et sont, pour ainsi dire, des prières populaires.

Tel semble être *le petit Pater du bon Dieu,* en périgourdin, recueilli, dans le département de la Dordogne, par M. le comte de Mellet, correspondant du comité.

Le Planch de san Esteve (complainte de saint Étienne), publié par Raynouard comme un des plus anciens monuments de la langue romane, et dans lequel un verset roman alterne avec un vers latin, se chante encore à Aix, le jour de Saint-Étienne, à la *messe du peuple* [2]. Ce chant religieux appartient à la poésie populaire; il est, comme les *épîtres farcies,* un dernier vestige de l'antique intervention des fidèles et de la langue vulgaire dans l'office divin.

2. Légendes, vies de saints, miracles.

Les légendes qui se rapportent à la Vierge forment une classe à part et sont empreintes souvent d'un charme singulier. Plusieurs

---

[1] Quand des chansons ont été composées sur un air plus ancien, en remontant aux paroles qui ont donné à l'air le nom sous lequel il est connu, on a grande chance de rencontrer un chant populaire, qui souvent a donné à l'air sa popularité. (Note communiquée par M. de la Villegille, secrétaire du comité.)

[2] *Notice sur la bibliothèque d'Aix,* par E. Rouard. Aix, 1834, p. 295-6.

récits du moyen âge furent consacrés à célébrer sa miséricorde
et le pouvoir qu'elle exerce, au nom de sa maternité, sur Dieu
même. Une chanson périgourdine, envoyée par M. le comte de
Mellet, roule sur le même sujet. Voici la traduction, qu'il a transmise avec le texte :

> Une âme est morte cette nuit,
> Elle est morte sans confession ;
> Personne ne la va voir,
> Excepté la sainte Vierge.
> Le démon est tout à l'entour.
> — Tenez, tenez, mon fils Jésus,
> Accordez-moi le pardon de cette pauvre âme.
> — Comment voulez-vous que je lui pardonne ?
> Jamais elle ne m'a demandé de pardon.
> — Mais si bien à moi, mon fils Jésus,
> Elle m'a bien demandé pardon.
> — Eh bien, ma mère, vous le voulez,
> Dans le moment même je lui pardonne. »

Nous citerons, comme exemple d'une légende dévote et populaire, *la Cane de Montfort,* qu'on chantait en Bretagne au temps
de la jeunesse de M. de Châteaubriand, dont il cite quelques vers
dans ses Mémoires, et que nous donnons d'après une version recueillie par M. le docteur Roulin.

LA CANE DE MONFORT.

> La voilà, la fille du Maine !
> Voilà que les soldats l'emmènent.
> Comme sa mère la peignait,
> Ils sont venus pour l'emmener.
>
> Oll' n'était pas toute peignée
> Que les soldats l'ont emmenée.
> Oll' dit en les regardant doux :
> — Soldats, où donc me menez-vous ?
>
> — Et à qui veux-tu qu'on te mène,
> Sinon à notre capitaine ?
> Du plus loin qu'il la vit venir,
> De rire ne se put tenir.
>
> — La voilà donc enfin, la belle
> Qui me fut si longtemps rebelle !
> — Oui, capitaine, la voilà ;
> Faites-en ce qu'il vous plaira.

— Faites-la monter dans ma chambre ;
Tantôt nous causerons ensemble. »
A chaque marche qu'Oll' montait,
A chaque marche Oll' soupirait.

Quand Olle est seule dans la chambre,
A prié Dieu de la défendre,
A prié Dieu et Notre Dame
Qu'Oll' fut changé' de femme en cane.

La prièr' fut pas terminée
Qu'on la vit prendre sa volée,
Voler en haut, voler en bas
De la grand' tour Saint-Nicolas.

Le capitaine, voyant ça,
Ne voulut plus être soldat,
Être soldat ni capitaine ;
Dans un couvent se rendit moine.

3. Cantiques.

Les cantiques populaires pourront être recueillis dans les fêtes de village, les pèlerinages et les *pardons*.

On peut citer, comme exemple d'un cantique vraiment populaire, celui qui est chanté dans les villes d'Hondschoote et d'Hazebrouck depuis la Noël jusqu'à la fête des Rois, et qui célèbre l'histoire des rois Mages. Ceux qui le chantent portent au bout d'un bâton une étoile en carton. Il a été publié avec la traduction par M. Louis de Baecker[1].

Pour la forme, sinon pour le fond, les complaintes se rapprochent des cantiques. Tout le monde connaît la complainte du *Juif Errant*, de *Geneviève de Brabant*, etc.

4. Chants pour les différentes fêtes de l'année.

Les cantiques nous conduisent à parler des chants populaires qui se rapportent à une des grandes fêtes de l'année, à Noël, aux Rois, à la Saint-Jean, au jour des Morts, etc.

Les *noëls* forment une classe considérable de chants, dont l'origine, toute populaire, remonte au moyen âge, et se lie à l'usage d'une sorte de quête que l'on faisait et qu'on fait encore dans

---

[1] *Les Flamands de France,* etc. p. 99.

certains endroits à l'époque où l'Église célèbre la nativité de
Jésus-Christ. Il y avait au moyen âge des noëls latins et français.
Déjà au xiiie siècle on chantait :

> Seignors, or entendez à nous,
> De loin sommes venus à vous
>   Pour querre noël.

Et maintenant on chante en Beauce et ailleurs :

> Honneur à la compagnie
>   De cette maison,
> À l'entour de votre table
>   Nous vous saluons.
> Nous sommes v'nus de pays étrange (étranger)
>   Dedans ces lieux,
> C'est pour vous faire la demande
>   De la part à Dieu.

Dans plusieurs provinces, au 1er mai, les jeunes gens font une
sorte de quête en chantant quelques couplets, comme en Grèce,
au retour du printemps, les enfants vont quêtant de porte en
porte et chantant, d'après un usage qui remonte aux temps an-
tiques, le *Chant de l'hirondelle.*

Dans le Roussillon, les jeunes gens font, le mercredi saint,
une quête accompagnée d'un chant dans lequel on célèbre la
Vierge et la Résurrection.

M. Marre, inspecteur de l'instruction primaire, à Saint-Brieuc,
a envoyé une de ces chansons du mois de mai, fort naïve et assez
gracieuse :

> En entrant dans cette cour
>   Par amour,
> Nous saluons le Seigneur
>   Par honneur,
> Et sa noble demoiselle,
> Les petits enfants et tous
>   Par amour,
> Les valets et chambrières.
>
> Madame de céans,
> Vous qui avez des filles,
> Faites-les se lever,
> Promptement qu'ell' s'habillent
> Nous leur pass'rons un anneau d'or au doigt,

A l'arrivée du *mez de moi* [1].
Nous leur donn'rons des bagues et des diamants } *Variante.*
A l'arrivée du doux printemps.

Entre vous, braves gens
Qu'avez des bœufs, des vaches,
L'vez-vous d' bon matin
A les mettre aux pâturages;
Ell' vous donn'ront du beurre, aussi du lait,
A l'arrivée du mois de mai.

Entre vous, jeunes filles,
Qu'avez de la volaille,
Mettez la main au nid,
N'apportez pas la paille;
Apportez-en dix-huit ou bien vingt.
Et n'apportez pas les couvains.

Si vous avez de nous donner,
Ne nous fait's pas attendre,
J'ons du chemin à faire,
Le point du jour avance.
Donnez-nous vat des œufs ou de l'argent,
Et renvoyez-nous promptement.
Donnez-nous vat du cidre ou bien du vin } *Variante.*
Et renvoyez-nous au chemin.

Si vous n'ais rien à nous donner,
Donnez-nous la servante,
Le porteur de panier
Est tout prêt à la prendre;
Il n'en a point, il en voudrait pourtant,
A l'arrivée du doux printemps!

Si vous donnez des œufs,
Nous prierons pour la poule;
Si vous donnez d' l'argent,
Nous prierons pour la bourse;
Nous prierons Dieu, le bien'reux saint Nicolas,
Que la poule mange l' renard,
Nous prierons Dieu, et l' bien'reux saint Vincent, } *Variante.*
Qu' la bourse se remplisse d'argent.

[1] Mois de mai.

En vous remerciant,
Le présent est honnête ;
Retournez vous coucher ;
Barrez port's et fenêtres.
Pour nous, j'allons toute la nuit chantant,
A l'arrivée du doux printemps.

Certaines fêtes et réjouissances locales sont aussi accompagnées de chansons. M. de Coussemaker a envoyé au comité la chanson de *Gayant* ou du *Géant de Douai*, qui se chante pendant la fête communale de cette ville.

II.

POÉSIES POPULAIRES D'ORIGINE PAÏENNE.

Outre les poésies populaires inspirées par la foi chrétienne, il sera important de recueillir celles où pourraient se trouver quelques traces des cultes qu'elle a remplacés, du paganisme romain, de la religion druidique, enfin de la mythologie des peuples germaniques.

Le comité n'a point reçu de chant populaire où l'on reconnaisse des traces évidentes du paganisme romain. Ces chants, pour être rares, n'en seront que plus précieux.

1. Souvenirs druidiques.

Des souvenirs manifestes de dogmes druidiques se rencontrent dans quelques chants bretons publiés par M. de la Villemarqué.

Le dogme des existences successives était un dogme druidique.

Le barde gallois Taliessin disait : « Je suis né trois fois, j'ai été mort, j'ai été vivant, j'ai été biche sur la montagne, j'ai été coq tacheté. »

On retrouve comme un écho de cette croyance druidique à la métempsycose mêlée à des idées plus modernes dans un fragment qui a été recueilli en Bretagne par M. le docteur Roulin :

3

LA SAINTE MARGUERITE.

Qui veut ouïr la chanson
[De sainte Marguerite].
[Toujours] la mère chante
A la fille qui crie,
Un beau jour lui demande :
— Qu'avez-vous Marguerite ?
— J'ai bien des maladies,
Et n'ose vous le dire ;
Tout le jour je suis fille,
Et la nuit blanche biche ;
Toutes les chasseries
Sont après moi la nuit,
Cell' de mon frèr' Biron
Elle est encor la pire.
— Appel' tes chiens, Biron,
C'est ta sœur Marguerite.
Il a corné trois fois
Au' son cornet de cuivre.
La quatrième fois
La blanche biche est prise.
En ont fait un dîner
Aux barons de la ville.
— Nous voici tous illé' (ici).
— Hors ta sœur Marguerite.
Elle répond du plat :
— Suis la première assise .
Mon foie et mon poumon
Sont dans la grand-marmite,
Mon sang est répandu
Par toute la cuisine ;
Aussi mes blonds cheveux
Pendent à la cheville.
Ha ! je les vois d'ici
Que le vent les guenille.

Un refrain peut être la seule trace de souvenirs qui remontent à l'époque druidique, tel est celui qui, dans plusieurs chants populaires, ramène ce mot *la guilloné, la guillona, la guilloneou,* suivant les dialectes ; mot dans lequel il est impossible de ne pas reconnaître *gui l'an neuf (neu),* d'autant plus qu'on chante ce refrain à Noël, époque des anciennes cérémonies gauloises qui se rapportaient au solstice d'hiver, et qu'il est quelquefois remplacé par cette formule : *Donnez-nous l'étrenne du gui.*

M. Guigniaut, membre du comité, a entendu dans son enfance une sorte de chant de reconnaissance usité dans le Charolais, et composé d'un certain nombre de mots bizarres, qui ne sont peut-être pas sans rapport avec les anciennes croyances celtiques :

> Inaca
> Coudribala
> La guiloné

auxquels on ajoute :

> Du bon pain frais.

La guiloné est évidemment ici, comme dans les exemples cités plus haut, le *gui l'an neuf* (*neu*).

2. Souvenirs germaniques.

Il sera également important de recueillir les chants qui contiendraient quelques vestiges des anciennes croyances et traditions des peuples germaniques. Des refrains populaires chantés à la fête de saint Martin, dans la Flandre française, ont été recueillis par M. Louis de Baecker, correspondant du comité, et paraissent se rattacher à divers souvenirs du paganisme germanique, entre autres aux réjouissances qui avaient lieu chez les anciens peuples germains vers l'époque du solstice d'hiver, ce que semble rappeler l'usage conservé dans certaines provinces de l'Allemagne voisines de la France, d'allumer, à ce moment de l'année, des feux sur les montagnes. Il est parlé, dans des chants bretons, de trois cygnes changés en jeunes filles, et d'une jeune fille changée en cygne, qui doit rester ainsi jusqu'à ce que sonne la première cloche. L'idée de cette métamorphose paraît se rapporter aux traditions mythologiques des anciens Scandinaves. Dans l'Edda, trois jeunes valkyries laissent sur le bord de la mer la dépouille d'un cygne.

Tout chant contenant une formule d'incantation, une allusion à des superstitions plus ou moins bizarres, devra être également recueilli avec soin; tel est le *Conjurateur et le Loup,* envoyé au comité par M. Friry, correspondant à Remiremont, et qui se retrouve dans plusieurs parties de la France. Dans ce singulier morceau, les divers éléments sont successivement évoqués comme dans les runes scandinaves ou finnois: ils se refusent à l'action de l'homme, et n'agissent que quand le diable paraît. Le fond de ce chant étrange doit être fort ancien.

3

LE CONJURATEUR ET LE LOUP.

1.

I' y a un loup dedans un bois,
Le loup n' veut pas sortir du bois.
Ha, j' te promets, compèr' Brocard,
Tu sortiras de ce lieu-là.
Ha, j' te promets, compèr' Brocard,
Tu sortiras de ce lieu-là.

2.

Le loup n' veut pas sortir du bois,
Il faut aller chercher le chien.
Ha, j' te promets, compèr' Brocard,
Tu sortiras de ce lieu-là.
Ha, j' te promets, etc. [1].

3.

Il faut aller chercher le chien,
Le chien n' veut pas japper au loup,
Le loup n' veut pas sortir du bois.
Ha j' te promets, compèr' Brocard,
Tu sortiras de ce lieu-là.
Ha, j' te promets, etc.

4.

Il faut aller chercher l' bâton,
L' baton n' veut pas battre le chien,
Le chien n' veut pas japper au loup,
Le loup n' veut pas sortir du bois.
Ha, j' te promets, etc.

5.

Il faut aller chercher le feu,
Le feu n' veut pas brûler l' bâton,
L' bâton n' veut pas battre le chien,
Le chien n' veut pas japper au loup,
Le loup n' veut pas sortir du bois.
Ha, j' te promets, etc.

6.

Il faut aller chercher de l'eau,
L'eau n' veut pas éteindre le feu,

[1] Variante : Ha, j' te promets, Broquin Broquant,
Tu sortiras de ce lieu-là.

Le feu n' veut pas brûler l' bâton,
L' bâton n' veut pas battre le chien,
Le chien n' veut pas japper au loup,
Le loup n' veut pas sortir du bois.
Ha, j' te promets, etc.

7.

Il faut aller chercher le veau,
Le veau ne veut pas boire l'eau,
L'eau n' veut pas éteindre le feu,
Le feu n' veut pas brûler l' bâton,
L' bâton n' veut pas battre le chien,
Le chien n' veut pas japper au loup,
Le loup n' veut pas sortir du bois.
Ha, j' te promets, etc.

8.

Il faut aller chercher l' boucher,
L' boucher n' veut pas tuer le veau,
Le veau ne veut pas boire l'eau,
L'eau n' veut pas éteindre le feu,
Le feu n' veut pas brûler l' bâton,
L' bâton n' veut pas battre le chien,
Le chien n' veut pas japper au loup,
Le loup n' veut pas sortir du bois.
Ha j' te promets, compèr' Brocard,
Tu sortiras de ce lieu-là.
Ha, j' te promets, Broquin Brocand,
Tu sortiras de ce lieu-là.

9.

Il faut aller chercher l' Diable,
Le Diable veut bien venir,
L' boucher veut bien tuer le veau,
Et le veau veut bien boire l'eau;
L'eau veut bien éteindre le feu,
Le feu veut bien brûler l' bâton,
L' bâton veut bien battre le chien,
Le chien veut bien japper au loup,
Le loup veut bien sortir du bois.

Ha, j' te promets, compèr' Brocard,
Tu sortiras de ce lieu-là.
Ha, j' te promets, compèr' Brocard,
Tu sortiras de ce lieu-là.

III.

POÉSIES DIDACTIQUES ET MORALES.

Celles qui expriment, sous une forme populaire, des conseils ou des vérités utiles; les proverbes mêmes, auxquels la rime, l'allitération, ou une consonnance quelconque donnent un certain caractère métrique, devront être recueillis.

L'idiome catalan, riche en proverbes, nous en a déjà fourni un certain nombre, dont la plupart sont des distiques et quelques-uns même des quatrains rimés; nous avons dit, plus haut, à qui nous les devons.

Nous citerons, comme exemple d'une chanson morale, la chanson bretonne qui suit, et qu'à recueillie M. de Corcelle; car, sous la forme d'un récit peu développé, elle exprime l'horreur pour le mensonge, survivant même aux égarements d'une vie désordonnée :

> Adieu ma mie, je m'en vas (*bis*).
> Je m'en vas faire un tour à Nantes,
> Puisque le roi me le commande.
>
> — Ah! puisqu'à Nantes vous allez
> Un corselet m'en rapport'rez,
> Un corselet qui aura des manches
> Qui s'ra brodé de roses blanches.
>
> A Nante, à Nante il est allé,
> Au corselet n'a plus songé,
> Il n'a songé qu'à la débauche.
> Au cabaret, comme les autres.
>
> — Mais, que dira m' amie de moi?
> — Tu mentiras, tu lui diras,
> Qu'i n'y a pas de cors'lets à Nantes
> De la sorte qu'elle demande.
>
> — J'aime mieux la mer sans poissons,
> Ou les collines sans vallons,
> Ou le printemps sans violettes,
> Que de mentir à ma maîtresse.

On peut trouver une certaine moralité dans la chanson de *La Femme du roulier*, communiquée par M. Sainte-Beuve, membre du comité, et qui peint rudement l'abrutissement du vice et les suites du mauvais exemple.

LA FEMME DU ROULIER.

Chanson populaire du Berri.)

La pauvre femme
(C'était la femme du roulier)
S'en va dans tout le pays,
Et d'auberge en auberge,
Pour chercher son mari,
Tireli,
Avec une lanterne.

— Madam' l'hôtesse,
Mon mari est-il ici?
— Oui, madame, oui il est là,
Là, dans la chambre haute,
Et qui prend ses ébats,
Tirela,
Avec une servante.

— Allons, ivrogne,
Retourne voir à ton logis
Retourne voir à ton logis
Tes enfants sur la paille,
Tu manges tout ton bien
Avecque des canailles.

— Madam' l'hôtesse,
Apportez-moi du bon vin,
Apportez-moi du bon vin,
Là, sur la table ronde,
Pour boir' jusqu'au matin,
Puisque ma femme gronde.

La pauvre femme
S'en retourne à son logis,
Et dit à ses enfants :
Vous n'avez plus de père.
Je l'ai trouvé couché
Avec une autre mère.

— Eh bien! ma mère,
Mon père est un libertin;
Mon père est un libertin;
Il se nomme *Sans gêne,*
Nous sommes ses enfants,
Nous ferons tout de même.

IV.

POÉSIES HISTORIQUES.

Celles qui célèbrent un fait mémorable, un homme illustre, ou même qui, sous des noms imaginaires, peignent vivement la situation morale ou politique d'un temps.

Pour le bas breton, on trouve, dans le recueil de M. de la Villemarqué, une suite de chants historiques qui racontent la bataille des Trente, les exploits de Duguesclin et de Jeanne de Montfort; pour le français, on devra ranger dans cette catégorie les chants qui se rapportent aux croisades, aux guerres avec les Anglais, aux querelles de religion, au règne de Louis XIV, etc., et aux temps intermédiaires.

Ces chansons populaires historiques sont, pour les époques anciennes, quelquefois en vers latins rimés comme le chant des croisés (Edélestand du Méril, *Poésies latines du moyen âge*, p. 56):

> Audi nos, rex Christe,
> Audi nos, domine,
> Et viam nostram dirige.

Et quelquefois, à des époques moins reculées, en vers latins et en vers français, telles que celle-ci, qui est citée par M. Rathery (*Moniteur* du 19 mars 1853), et qui semble contenir une allusion à la captivité du roi Jean.

> Christiana Francia de laquelle
> Le chef est pris,
> Splendens regni gloria,
> Aux armes de la fleur de lys.

En ce qui concerne les personnages illustres de notre histoire, on ne peut oublier la mention faite du roi Dagobert et d'un évêque du viie siècle, en même temps prédicateur plein d'onction et artiste très-habile, de saint Éloi, dans une grotesque chanson, qui nous est parvenue comme le dernier retentissement de sa popularité et la parodie de sa renommée.

Il en a été de même du vaillant la Palisse : la parodie s'est emparée de sa célébrité. Mais ici le chant composé en son honneur, et qu'on a grossièrement travesti,

> M. de la Palisse est mort,
> Est mort devant Pavie,

ue contenait pas primitivement les trois vers burlesques dont on
a fait suivre le premier de ceux que nous venons de citer. Tout le
reste du chant était sérieux et roulait sur la captivité de François Ier.

Quand à lord Marlborough, il a trouvé aussi chez nous la célébrité populaire dans une chanson qu'il faut bien se garder de
repousser, car elle est évidemment un débris d'un chant plus
ancien, qui remonte au moyen âge, comme l'indiquent plusieurs
traits de mœurs féodales et chevaleresques, débris auquel on a
associé, dans le dernier siècle, le nom du vainqueur de Blen-
heim.

Les guerres religieuses du xvie siècle ont dû laisser dans les
chants populaires des traces nombreuses. Le comité a reçu de
M. Gras du Bourguet, juge d'instruction au tribunal de première
instance de Castellane (Basses-Alpes), la *chanson du pétard;* elle
célèbre la résistance de la ville de Castellane, qui, assiégée par
les protestants en 1586, repoussa les agresseurs. Cette chanson
raconte l'exploit d'une femme de la ville qu'elle nomme *une brave
Judith,* et qui jeta de dessus la porte de l'Annonciade, tandis
que l'ennemi cherchait à la rompre au moyen de pétards, un
cuvier enduit de poix allumée; sous ce cuvier fut écrasé le capitaine qui dirigeait les pétards, appelé Jean Mothe.

Malheureusement, le texte provençal est depuis longtemps
perdu; la traduction française envoyée au comité, et qui seule
subsiste, n'en est pas moins très-curieuse, surtout par la popularité en quelque sorte officielle dont a joui la *chanson du pétard:* elle
se chantait dans une procession qui se faisait autrefois avec une
grande pompe, que les consuls voulurent supprimer en 1729,
mais qui fut maintenue dans tout son lustre par l'évêque de Senez.
« Elle n'a cessé d'avoir lieu qu'en 1825, dit M. Gras du Bourguet,
époque à laquelle le curé ne voulut pas permettre qu'on chantât
la chanson; il autorisa seulement les chantres choisis par le conseil
municipal à en répéter les couplets à une distance assez éloignée
de la procession, à laquelle assistaient les membres de ce conseil,
portant à la boutonnière de leurs habits un grand bouquet de bois
vert, auquel on attachait des graines de maïs qu'on avait fait épa-
nouir sur la cendre chaude. Cet usage a été établi pour rappeler
l'explosion des pétards, les graines de maïs faisant entendre un
bruit assez fort en se dilatant au feu. »

Nous devons au même collecteur une hymne en vers latins grossièrement rimés que l'on chantait dans la chapelle de Saint-Joseph, où la procession s'arrêtait.

Aux temps des guerres de religion, se rapporte également une chanson en patois de la Vendée donnée par la Réveillière-Lépeaux [1]. Elle renferme une peinture des cérémonies du culte catholique, qui trahit bien vraisemblablement une origine huguenote.

La chanson suivante, recueillie en Bretagne par M. le docteur Roulin, est remarquable en ce que seule elle conserve le souvenir des persécutions religieuses du xvi⁰ siècle, dans un pays où elles sont d'ailleurs entièrement oubliées :

> Voulez-vous ouir l'histoire
> D'une fille d'*espit* (esprit),
> Qui n'a pas voulu croire
> Chose que l'on lui dit?
> Sa mère dit : Ma fille
> A la messe allons donc.
> —Y aller, à la messe,
> Ma mèr' ce n'est qu'abus.
> Apportez-moi mes livres;
> Où sont mes beaux *saluts* [2]?
> J'aim'rais mieux êtr' brûlée
> Et *voutée* [3] au grand vent,
> Que d'aller à la messe
> En faussant mon serment.
> Quant sa très-chère mère
> Eut entendu c' mot-là,
> Au bourreau de la ville
> Sa fille elle livra.
> — Bourreau, voilà ma fille,
> Fais à tes volontés.
> Bourreau, fais de ma fille
> Comme d'un meurtrier.
>
> Quand ell' fut sur l'échelle,
> Trois rollons (barreaux) jà montée,
> Elle voit là sa mère
> Qui chaudement pleurait.
> — Ho! la cruelle mère,

---

[1] *Mémoires de l'Académie celtique*, t. III, p. 371. La Picardie dispute cette chanson au Poitou.

[2] Probablement les psaumes en vers français.

[3] *Botado?* Espagnol, *jeté.*

Qui pleure son enfant
Après l'avoir livrée
Dans les grands feux ardents.
Vous est bien fait, ma mère,
De me faire mourir.
Je vois Jésus mon père
Qui, de son beau royaume,
Descend pour me quérir.
Son royaume sur terre
Dans peu de temps viendra,
Et cependant mon âme
En paradis ira.

La chanson du *duc de Guise* est aussi un souvenir de l'époque des guerres de religion; elle est curieuse comme présentant dans quelques détails un degré intermédiaire entre l'ancien chant du moyen âge, aujourd'hui perdu, qui a été le type primitif de la *chanson de Malbrouk*, et cette chanson elle-même, laquelle, bien que rapportée à un personnage plus moderne, a conservé des traits d'une date plus reculée.

Qui veut ouïr chanson (*bis*) :
C'est du grand duc de Guise,
Doub, dan, donb, dans, dou, don,
  Dou, dou, don,
Qu' est mort et enterré;

Qu' est mort et enterré (*bis*).
Aux quatr' coins de sa tombe,
  Doub, etc.
Quatr' gentilshom' y avoit;

Quatr' gentilshom' y avoit (*bis*),
Dont l'un portoit le casque,
  Doub, etc.
L'autre les pistolets;

L'autre les pistolets (*bis*),
Et l'autre son épée,
  Doub, etc.
Qui tant d'hugu'nots a tués;

Qui tant d'hugu'nots a tués (*bis*).
Venoit le quatrième,
  Doub, etc.
C'étoit le plus dolent;

C'étoit le plus dolent (*bis*).
Appres venoient les pages,
  Doub, etc.
Et les valets de pied.

4.

> Et les valets de pied (*bis*),
> Qui portiont de grands crêpes,
>> Doub, etc.
> Et des souliers cirés ;
>
> Et des souliers cirés (*bis*),
> Et de biaux bas d'estame,
>> Doub, etc.
> Et des culott's de piau ;
>
> Et des culott's de piau (*bis*).
> Appres venoit la femme,
>> Doub, etc.
> Et touts les biaux onfants ;
>
> Et touts les biaux enfants (*bis*).
> La cérémonie faitte,
>> Doub, etc.
> Chacun s'allit coucher ;
>
> Chacun s'allit coucher (*bis*),
> Les uns avec leurs femmes,
>> Doub, etc.
> Et les autres touts seuls.

Ce dernier couplet se retrouve dans la *chanson de Malbrouk*, et achève d'en marquer la provenance.

La captivité de François 1er, qui fait le sujet de la chanson de *la Palisse*, est aussi le thème d'un chant breton en français, dans lequel le récit est sans cesse entrecoupé de l'exclamation *vive le roi!* M. de Monglave a envoyé une version de ce chant historique en béarnais. Cette version vient de la vallée d'Ossau, ainsi que deux autres chansonnettes historiques : *La mort du duc de Joyeuse* et *La mort du duc du Maine*, aussi en patois béarnais.

La destinée tragique du maréchal Biron a inspiré à la muse populaire des chants divers; tantôt elle prend parti pour Biron contre le roi et la cour, tantôt elle semble railler son malheur et son supplice. C'est ainsi que M. Friry interprète la chanson :

> Quand Biron voulut danser.

Celle-ci est chantée dans le département des Vosges, où le gouvernement de Biron, maréchal général du roi de France, dit notre correspondant, M. Friry, pour expliquer l'animosité qu'il croit voir dans cette chanson, « a laissé peser sur la mémoire d'Henri IV des méfaits si grands, qu'aujourd'hui encore, dans certains villages comtois, on attribue aux Français de cette époque les dévastations qui sont le fait des Sarrasins. »

Le chant breton suivant, donné par M. le docteur Roulin, est
plus favorable à Biron.

LE MARÉCHAL BIRON [1].

Le roi fut averti par un de ses gendarmes (*bis*) :
— Donnez-vous bien de garde du maréchal Biron,
Il vous f'rait des affaires qui vous coûteraient bon.

Quelle entreprise a-t-il? dis-le moi, capitaine (*bis*).
— Faire mourir la reine et monsieur le Dauphin,
Et de votre couronne il veut avoir la fin.

Dessus ce propos-là, voilà Biron qui entre,
Le chapeau à la main, au roi fait révérence :
— Bonjour aimable prince, vous plairait-il jouer
Double million (mille doublons) d'Espagne que vous m'allez gagner.

Le roi il lui répond, rougissant de colère (*bis*) :
— Va-t-en trouver la reine, au'elle [2] tu joueras.
(Des plaisirs de ce monde longtemps tu ne jouiras.)

Biron n'a pas manqué, s'en va trouver la reine (*bis*) :
— Bonjour aimable reine, vous plairait-il jouer
Double million d'Espagne que vous m'allez gagner.

La reine lui répond, rougissant de colère (*bis*) :
— Je ne joue point au' [3] princes à tant qu'ils sont armés;
Mettez à bas vos armes, avec vous je jouerai.

Biron n'a pas manqué, il a mis bas ses armes (*bis*),
Son épée si brillante et son poignard joli,
Les a mis par bravade droit au chevet du lit.

N'ont pas trois coups joué, les sergents ils arrivent (*bis*).
— Bonjour aimable prince, sans vouloir vous fâcher,
Ce soir à la Bastille il vous faudra coucher.

Il y fut bien six mois, six mois et davantage (*bis*).
Messieurs de la justice faisant les ignorants,
Lui demandaient : Beau prince, qui vous a mis céans?

— Celui qui m'y a mis en aura repentance (*bis*);
Car c'est le roi de France que j'ai si bien servi,
Qui pour ma récompense la mort me fait souffrir'.

Je vois mon cheval blanc errer à l'aventure;
A un autre que moi servira de monture.
Adieu toutes mes troupes, mal menées ell' seront.
On regrett'ra en France le maréchal Biron.

[1] Le plus souvent, au lieu de quatre vers, il n'y en a que trois, et le premier
se répète deux fois. Les vers de cette chanson peuvent se dédoubler.
[2] *Avec elle.*
[3] *Avec les.*

Les chants populaires sont historiques, non-seulement par les faits qu'ils retracent ou auxquels ils font allusion, mais par les mœurs dont ils reproduisent l'image. Ainsi, la fierté querelleuse des seigneurs et des gentilshommes, toujours prêts à tirer l'épée, vers l'époque d'Henri IV, est vivement reproduite dans la romance suivante, que nous devons à M. le docteur Roulin, et qui, vers la fin, s'élève à une sorte de sublime.

MONSIEUR DE BOIS-GILLES.

1.

Ce fut à la male heure,
Un jour de vendredi,
Que monsieur de Bois-Gille,
  La, la, sol, fa,
Prit congé de Paris,
  La, sol, fa, mi.

2.

Que monsieur de Bois-Gille
Prit congé de Paris
Pour convoyer deux dames,
  La, la, sol, fa,
Jusque dans leur logis,
  La, sol, fa, mi.

3.

Pour convoyer deux dames
Jusques en leur logis.
La conduite finie,
  La, la, sol, fa,
Étant pour reparti',
  La, sol, fa, mi.

4.

La conduite finie,
Étant pour reparti',
— Restez, restez, Bois-Gille,
  La, la, sol, fa,
Restez, Bois-Gille, ici,
  La, sol, fa, mi.

5.

Restez, restez, Bois-Gille,
Restez, Bois-Gille, ici,
— Non, ma dame[1] m'espère,
  La, la, sol, fa,

[1] *Ma femme.*

A coucher cette nuit,
  La, sol, fa, mi.

6.

Non, ma dame m'espère
A coucher cette nuit.
Quant il fut dans la plaine,
  La, la, sol, fa,
Vu grande compagni',
  La, sol, fa, mi.

7.

Quand il fut dans la plaine,
Vu grande compagni';
Il appela son page,
  La, la, sol, fa,
— Petit-Jean, mon ami!
  La, sol, fa, mi.

8.

Il appela son page,
Petit-Jean, mon ami!
Dis-moi, dis-moi, mon page,
  La, la, sol, fa,
Qui sont tous ces gens-ci?
  La, sol, fa, mi.

9.

Dis-moi, dis-moi, mon page,
Qui sont tous ces gens-ci?
— C'est monsieur de Vendôme,
  La, la, sol, fa,
Votre grand ennemi,
  La, sol, fa, mi.

10.

C'est monsieur de Vendôme,
Votre grand ennemi;
Piquez, piquez, mon maître,
  La, la, sol, fa,
Et tirez à couri',
  La, sol, fa, mi.

11.

Piquez, piquez, mon maître,
Et tirez à couri',
— Courir, un de Bois-Gille!
  La, la, sol, fa,
Page, tu perds l'esprit,
  La, sol, fa, mi.

12.

Courir, un de Bois-Gille!
Page, tu perds l'esprit.
Auprès de la grand'borne,
La, la, sol, fa,
La rencontre se fit,
La, sol, fa, mi.

13.

Auprès de la grand'borne
La rencontre se fit;
Comme entre gentilshommes,
La, la, sol, fa,
Le bonjour se donnit,
La, sol, fa, mi.

14.

Comme entre gentilshommes,
Le bonjour se donnit.
— Bon jour, bon jour, Bois-Gille,
La, la, sol, fa.
— A toi, Vendôme, aussi,
La, sol, fa, mi.

15.

— Bonjour, bonjour, Bois-Gille.
— A toi, Vendôme, aussi.
— Te souvient-il, Bois-Gille,
La, la, sol, fa,
L'affront que tu me fis?
La, sol, fa, mi.

16.

Te souvient-il, Bois-Gille,
L'affront que tu me fis?
Devant la jeune reyne,
La, la, sol, fa,
Trois fois me démentis,
La, sol, fa, mi.

17.

Devant la jeune reyne
Trois fois me démentis;
Devant la reyne mère
La, la, sol, fa,
Un soufflet me donnis,
La, sol, fa, mi.

18.

Devant la reyne mère
Un soufflet me donnis.

Achevant ces paroles,
  La, la, sol, fa,
Le combat s'engagit,
  La, sol, fa, mi.

19.

Achevant ces paroles
Le combat s'engagit.
Bois-Gille en tua trente,
  La, la, sol, fa,
Mais son épé' faillit,
  La, sol, fa, mi.

20.

Bois-Gille en tua trente,
Mais son épé' faillit.
Il appela son page,
  La, la, sol, fa,
— Petit-Jean, mon ami!
  La, sol, fa, mi.

21.

Il appela son page,
— Petit-Jean, mon ami!
Va-t-en dire à ma femme,
  La, la, sol, fa,
Qu'ell' n'a plus de mari,
  La, sol, fa, mi.

22.

Va-t-en dire à ma femme
Qu'ell' n'a plus de mari;
Và dire à la nourrice,
  La, la, sol, fa,
Qu'elle ait soin du petit,
  La, sol, fa, mi.

23.

Va dire à la nourrice
Qu'elle ait soin du petit,
Et qu'il tire vengeance,
  La, la, sol, fa,
Un jour de ces gens-ci,
  La, sol, fa, mi.

24.

Et qu'il tire vengeance
Un jour de ces gens-ci.
Achevant ces paroles,
  La, la, sol, fa,
Bois-Gill' rendit l'esprit!
  La, sol, fa, mi.

V.

POÉSIES ROMANESQUES.

C'est à cette classe qu'appartiennent le plus grand nombre des ballades écossaises allemandes ou scandinaves et des romances espagnoles. La France possède aussi une certaine quantité de chants populaires qui roulent sur quelque aventure, telle qu'un enlèvement, ou quelque tragédie domestique, quelque catastrophe causée par la jalousie ou par l'amour. C'est à ces chants surtout que s'appliquent les observations que l'on peut faire sur les poésies populaires qui ont pour objet de raconter.

Le récit est, en général, brusque, coupé; il laisse les détails secondaires dans l'ombre, et ne s'arrête qu'aux traits saillants. Les mêmes formes de langage sont reproduites plusieurs fois; les discours des personnages sont répétés textuellement comme dans Homère. On fait grand usage des nombres définis: tout va trois par trois ou sept par sept. Les objets les plus communs sont d'or ou d'argent. Le refrain est quelquefois sans rapport avec le sujet du récit. C'est à ces caractères et à quelques autres, surtout à une physionomie naïve et à un certain tour d'imagination à la fois simple et singulier, qu'on reconnaît la poésie vraiment populaire. On y remarque aussi un art involontaire, heureuse inspiration de la nature, qui se montre dans la gradation des événements et la préparation des catastrophes. La rime est remplacée souvent par la simple assonance, c'est-à-dire par la présence de la même voyelle dans les syllabes finales de deux vers. Quelquefois on trouve alternativement un vers qui rime et un autre qui ne rime pas. Ces traits dominants sont les mêmes dans les chants écossais, allemands, scandinaves, espagnols, et se montrent également dans nos chansons populaires françaises. On pourra en juger en comparant les suivantes à un des recueils de chants populaires étrangers qui ont été publiés. En voici deux que le comité doit à M. le docteur Roulin et qui sont chantées en Bretagne:

> [1] J'ai fait un rêve cette nuit,
> J'ai fait un rêve cette nuit,
> Que m' amie était morte,
> Que m' amie était morte.
>
> Sellez, bridez-moi mon cheval (*bis*)
> Que j'aille voir m' amie (*bis*).

[1] Voyez p. 10.

Son cheval il s'est arrêté (*bis*
Près d'un buisson de roses (*bis*).

De trois l'amant prit le plus beau (*bis*)
Pour donner à s'amie (*bis*).

— Tenez belle, prenez mon cœur (*bis*),
Ce beau bouton de roses (*bis*).

La bell' je viens vous convier (*bis*)
De venir à mes noces (*bis*),

La bell', la bell', si vous m'aimez (*Var.* si vous venez) (*bis*)
Ne changez pas de robes (*bis*).

La belle a bien entendu ça (*bis*),
S'est fait faire trois robes (*bis*):

La première est de satin blanc (*bis*),
L'autre est de satin rose (*bis*),

La troisième est de beau drap d'or (*bis*)
Pour fair' voir qu'elle est noble (*bis*).

Du plus loin qu'on la voit venir (*bis*):
— Voici la mariée (*bis*)!

La mariée, point ne la suis (*bis*),
Je suis la délaissée (*bis*).

L'amant vient, la prend par la main (*bis*),
Et la mène à la danse (*bis*).

Après le quatrième tour (*bis*),
La belle est tombée morte (*bis*);

Elle est tombée du côté droit (*bis*),
L'amant du côté gauche (*bis*).

Tous les gens qui étaient présents (*bis*)
S' disaient les uns aux autres (*bis*):

Voilà le sort des amoureux (*bis*)
Qui en épousent d'autres (*bis*).

M. le docteur Roulin a entendu quelques personnes ajouter deux couplets avant les deux derniers. Il y était question d'un rosier qui pousse sur la tombe et à la plus haute branche duquel chante le rossignol. Ce détail se rencontre fréquemment dans les ballades danoises et suédoises.

En chevauchant mes chevaux rouges,
  Laire laire laire loure ma lan laire.
En chevauchant mes chevaux rouges
J'entends le rossignol chanter (*bis*),

Qui me disait dans son languaige,
  Laire laire,......
Tu ris quand tu devras pleurer

De la mort de ta pauver' Jeanne
Qu'on est à c't' heure à enterrer.

—'T'en as menti maudite langue,
Car j'étas hier au sa au' lé (au soir avec elle).

Où c' qu'al' filait sa quenouillette
Su' l' billot dans l' coin du fouyer.

Là, quand je fus dedans les landes,
Je sentis les cloches hober;

Et quand je fus dans le ceum'tarre
J'entendis les prêtres hucher;

Et quand je fus dedans l'église,
Je vis un corps qui repeusait (*bis*).

Je daubis du pied dans la chasse:
— Reveill'ous Jeanne s'ous dormez?

— Non, je ne dors ni ne soumeille;
Je sis dans l'enfer à brûler.

Auprès de moi reste une place,
C'est pour vous Piar' qu'on l'a gardée.

— Ha, dites-moi plustot, ma Jeanne,
Comment fair' pour n'y point aller.

— Il faut aller à la grand-messe
Et aux vêpres sans y manquer;

Faut point aller aux fileries,
Comm' vous aviez d'accoutumé;

Ne faut point embrasser les filles
Sur l'bout du coffre au pied du leet (lit).

La chanson narrative qui suit, recueillie dans le Blésois, a été remise par M. de la Saussaye, membre du comité :

COMPLAINTE DE RENAUD.

Quand Renaud de la guerre vint,
Portant ses tripes dans ses mains,
Sa mère, à la fenêtre, en haut,
Dit : Voici v'nir mon fils Renaud.

La mère. Renaud, Renaud, réjouis-toi,
Ta femme est accouchée d'un roi.
Renaud. Ni d' ma femme, ni de mon fils
Mon cœur ne peut se réjoui'.

Qu'on me fasse vite un lit blanc,
Pour que je m'y couche dedans.
Et quand il fut mis dans le lit,
Pauvre Renaud rendit l'esprit.
(Les cloches sonnent le trépassement.)

La reine. Or, dites-moi, mère, m' amie,
Qu'est-c' que j'entends sonner ici ?
La mère. Ma fille, c' sont des processions
Qui sortent pour les rogations.
(On cloue le cercueil.)

La reine. Or, dites-moi, mère m' amie,
Qu'est-c' que j'entends cogner ici ?
La mère. Ma fille c' sont les charpentiers
Qui racommodent nos greniers.
(Les prêtres enlèvent le corps.)

La reine. Or, dites-moi, mère, m' amie,
Qu'est-c' que j'entends chanter ici ?
La mère. Ma fille, c' sont les processions
Qu'on fait autour de nos maisons.

La reine. Or, dites-moi, mère, m' amie,
Quell' robe prendrai-je aujourd'hui ?
La mère. Quittez le ros', quittez le gris,
Prenez le noir, pour mieux choisi'.

La reine. Or, dites-moi, mère, m' amie,
Qu'ai-je donc à pleurer ici ?
La mère. Ma fill' je n' puis plus vous l' cacher,
Renaud est mort et enterré.

La reine. Terre, ouvre-toi, terre, fends-toi,
Que j' rejoigne Renaud, mon roi !
Terre s'ouvrit, terre fendit,
Et la belle fut engloutie !

Dans la romance narrative qu'on va lire, un sentiment vraiment tragique se fait jour à travers les trivialités de certains détails. Elle a été recueillie en Auvergne par M. Mérimée, membre du comité.

DE DION ET DE LA FILLE DU ROI.

1.

Le roi est là haut sur ses ponts
Qui tient sa fille en son giron;
. . . .[1]
C'est en lui parlant de Dion.

2.

— Ma fille, n'aimez pas Dion;
Car c'est un chevalier félon;
C'est le plus pauvre chevalier,
Qui n'a pas cheval pour monter.

3.

— J'aime Dion, je l'aimerai
Plus que la mèr' qui m'a portée;
Plus que vous, père, qui parlez,
J'aime Dion, je l'aimerai!

4.

Le roi appelle ses geôliers :
— Vite, ma fille emprisonnez
Dans la plus haute de mes tours,
Qu'ell' n'y voye ni soleil ni jour !

5.

Elle y fut bien sept ans passés
Sans qu' son pèr' vint la visiter;
Et quand i' y eut sept ans passés,
Son père la fut visiter.

6.

— Eh bien! ma fill', comment qu' ça va?
— Hélas! mon pèr', ça va fort mal.
J'ai un côté dedans les fers
Et l'autr' qu' est rongé des vers!

[1] Un vers manque.

7.

— Ma fille, n'aimez pas Dion ;
Car c'est un chevalier félon ;
C'est le plus pauvre chevalier,
Qui n'a pas cheval pour monter.

8.

— J'aime Dion, je l'aimerai
Plus que la mèr' qui m'a portée ;
Plus que vous, père, qui parlez,
J'aime Dion, je l'aimerai !

9.

Le roi rappelle ses geôliers :
— Vite, ma fille emprisonnez
Dans la plus haute de mes tours,
Qu'ell' n'y voye ni soleil ni jour !

10.

Le beau Dion passa par-là ;
Un mot de lettre lui jeta,
Où il y a dessus écrit :
— Faites-vous morte enseveli' !

11.

La belle n'y a pas manqué,
S'est fait morte en terre porter.
Les prêt's vont devant en chantant,
Son père derrière en pleurant.

12.

Le beau Dion passa par-là.
— Arrêtez, prêt's, arrêtez là !
Encore une fois je verrai
M' amie que j'ai tant aimée.

13.

Il tira ses ciseaux d'or fin,
Et décousit le drap de lin.
La belle un soupir a poussé,
Un doux rire lui a jeté.

14.

— Mariez, prêt's, mariez-les !
Car jamais ne se quitteraient.
Et quand ils furent mariés,
Tous les deux ils s'en sont allés.

15.

Ils y fur'nt bien cinq ou six lieues
Sans s'être dit un mot ou deux,
Sinon qu' la belle lui a dit :
— Mon Dieu, Dion, que j'ai grand faim!

16.

Mon Dieu, Dion, que j'ai grand faim!
J'y mang'rais volontiers mon poing!
— Mangez-y, belle, votre poing,
Car plus ne mangerez de pain!

17.

Ils y fur'nt bien six ou sept lieues
Sans s'être dit un mot ou deux,
Sinon qu' la belle lui a dit :
— Mon Dieu, Dion, que j'ai grand soif!

18.

Mon Dieu, Dion, que j'ai grand soif!
J'y boirais volontiers mon sang!
— Buvez-y, belle, votre sang,
Car plus ne boirez de vin blanc.

19.

Il y a là-bas un vivier
Où quinze dam's se sont baignées,
Où quinze dam's se sont noyées,
Et vous la seizième ferez.

20.

Et quand ils furent au vivier,
Lui dit de se déshabiller.
— C' n'est pas l'honneur des ch'valiers
D' voir les dam's s' déshabiller.

21.

Mettez votre épée sous vos pieds,
Votre manteau devant votr' nez,
Et tournez-vous vers le vivier,
Alors je me déshabill'rai.

22.

Il mit son épée sous ses pieds,
Et son manteau devant son nez,
Et s'est tourné vers le vivier;
La bell', par derrièr', l'a poussé.

23.

— Tenez, la bell', voici les clefs
De mes châteaux, de mes còntrées.
— Je n'ai que faire de vos clefs,
J'y trouverai des serruriers.

24.

— La bell', que diront vos amis
D'avoir noyé votre mari?
— Je dirai à tous mes amis :
C' qu'il a voulu m' fair', je lui fis.

Il y a des récits populaires dont l'effet, au lieu d'être tragique, est gracieux; tels sont les suivants, recueillis par M. de Corcelle.

A Nantes, à Nantes sont arrivés
Trois beaux bateaux chargés de bleds,
La tira lon la, lon latira, la tira lon la, lon latira.

Trois beaux bateaux chargés de bleds.
Trois dames sont v'nues les visiter,
La tira, lon la, etc.

Trois dames sont v'nues les visiter.
— Marchand, marchand, combien ton bled?
La tira, lon la, etc.

Marchand, marchand, combien ton bled?
Je l' vends dix-huit francs la pairée,
La tira, lon la, etc.

Je l' vends dix-huit francs la pairée.
— Ce n'est pas cher si c'est bon bled.
La tira, lon la, etc.

Ce n'est pas cher si c'est bon bled.
— Mesdam's, entrez, vous le verrez,
La tira, lon la, etc.

Mesdam's, entrez, vous le verrez.
La plus jeune a le pied léger,
La tira, lon la, etc.

La plus jeune a le pied léger,
Dedans la barque elle a sauté.....
La tira, lon la, etc.

Dedans la barque elle a sauté.....
Les mariniers ont dérivé.
La tira, lon la, etc.

Les mariniers ont dérivé.
— A terre, à terr', bons mariniers!
La tira, lon la, etc.

A terre, à terr', bons mariniers!
Car j'entends ma mèr' m'appeler,
La tira, lon la, etc.

Car j'entends ma mèr' m'appeler;
Mes petits enfants vont crier!
La tira, lon la, etc.

Mes petits enfants vont crier!
— Taisez-vous, la bell', vous mentez,
La tira, lon la, etc.

Taisez-vous, la bell', vous mentez,
Jamais enfant n'avez porté.
La tira, lon la, etc.

Jamais enfant n'avez porté.....
S'il plaît à Dieu vous en aurez,
La tira, lon la, etc.

S'il plaît à Dieu vous en aurez,
Avec un brave marinier,
La tira, lon la, etc.

Avec un brave marinier,
Qui portera chapeau brodé,
La tira, lon la, etc.

Qui portera chapeau brodé,
Et puis l'épée à son côté,
La tira, lon la, etc.

Et puis l'épée à son côté,
Un pantalon tout goudronné,
La tira lon la, lon latira, la tira lon la, lon latira

LA CLAIRE FONTAINE [1].

En revenant des noces, dondaine,
Bien las, bien fatigué, dondé,
Bien las, bien fatigué (*bis*).

Près la claire fontaine, dondaine,
Je me suis reposé, dondé,
Je me suis reposé (*bis*).

A la claire fontaine, dondaine,
Les mains me suis lavé, dondé,
Les mains me suis lavé (*bis*).

[1] Voyez plus haut, pages 4 et 11.

À la feuille d'un chêne, dondaine,
Me les suis essuyé, dondé,
  Me les suis essuyé (*bis*).

À la plus haute branche, dondaine,
Le rossignol chantait, dondé,
  Le rossignol chantait (*bis*).

Chante, rossignol, chante, dondaine,
Puisqu' tu as le cœur gai, dondé,
  Puisqu' tu as le cœur gai (*bis*).

Le mien n'est pas de même, dondaine,
Car il est affligé, dondé,
  Car il est affligé (*bis*).

C'est mon ami Pierre, dondaine,
Qui avec moi s'est brouillé, dondé,
  Qui avec moi s'est brouillé (*bis*).

C'était pour une rose, dondaine,
Que je lui refusai, dondé,
  Que je lui refusai (*bis*).

Je voudrais que la rose, dondaine,
Fût encore au rosier, dondé,
  Fût encore au rosier (*bis*).

Et qu' mon ami Pierre, dondaine,
Fût encore à m'aimer, dondé,
  Fût encore à m'aimer (*bis*).

CHANSON DU LYONNAIS ET DE L'AUVERGNE.

La Pernette se lève,
Tra la la la, la la la la, la la la (très-prolongé).
  La Pernette se lève
  Deux heur's avant le jour.

  Ell' prend sa quenouillette,
Tra la la......
  Ell' prend sa quenouillette
  Et son joli p'tit tour.

  A chaque tour qu'el' file,
Tra la la la.......
  Sa mère vient lui dire:
  Pernette qu'avez-vous?

  Av'-vous mal à la tête?
Tra la la la.......
  Av'-vous mal à la tête?
  Ou bien le mal d'amour?

— J' n'ai pas mal à la tête,
Tra la la la.......
    Je n'ai pas mal à la tête,
    Mais bien le mal d'amour.

    — Ne pleures pas, Pernette,
Tra la la la.......
    Ne pleures pas, Pernette,
    Nous te maridarons.

    Te donnerons un prince,
Tra la la la......
    Te donnerons un prince
    Ou le fils d'un baron.

    — Je ne veux pas ce prince,
Tra la la la......
    Je ne veux pas ce prince
    Ni le fils de baron.

    Je veux mon ami Pierre,
Tra la la la......
    Je veux mon ami Pierre,
    Qui est dans la prison.

    — Tu n'auras pas ton Pierre,
Tra la la la......
    Tu n'auras pas ton Pierre,
    Nous le pendoularons.

    — Si vous pendoulez Pierre,
Tra la la la......
    Si vous pendoulez Pierre,
    Pendoulez-moi aussi.

    Couvrez Pierre de roses,
Tra la la la......
    Couvrez Pierre de roses,
    Et moi de mille fleurs.

    Au chemin de Saint-Jacques,
Tra la la la......
    Au chemin de Saint-Jacques
    Enterrez-nous tous deux.

    Les pélerins qui passent,
Tra la la la.......
    Les pélerins qui passent
    Prieront Dieu pour nous deux,
    Prieront Dieu pour nous deux.

Ces chants sont parfois enjoués; on en jugera par celui que

nous devons à M. de Saulcy, membre du comité, et qui est aux
précédents ce qu'est un gai vaudeville à une tragédie ou à une
pastorale.

> Nous étions dix dans un pré (*bis*),
> Toutes filles à marier,
>> C'était Dine,
>> C'était Chine,
> C'étaient Perrette et Martine,
>> Ah! ah!
> Cath'rinette et Cath'rina,
> C'était la gente Suzon,
> La duchess' de Montbazon,
> C'était la Sourimène,
> C'était la du Maine.

> L' fils du roi vint à passer (*bis*),
>> Salua Dine,
>> Salua Chine,
> Salua Perrette et Martine,
>> Ah! ah!
> Cath'rinette et Cath'rina,
> Salua la gente Suzon,
> La duchess' de Montbazon,
> Salua Sourimène,
> Embrassa la du Maine.

> A toutes il fit un cadeau (*bis*),
>> Bague à Dine,
>> Bague à Chine, etc.,
> Diamants à la du Maine.

> Il leur offrit à coucher (*bis*),
>> Paille à Dine,
>> Paille à Chine, etc.,
> Beau lit à la du Maine.

> Puis toutes il les renvoya (*bis*),
>> Chassa Dine,
>> Chassa Chine, etc.,
> Et garda la du Maine.

Enfin il est des chansons populaires que leur tour et leur
caractère doivent faire rapporter à celles qui précèdent; mais
qui, au lieu du récit d'un événement, présentent seulement une

fantaisie gracieuse ou l'effusion poétique d'un sentiment naïf.
Telles sont les suivantes, recueillies par M. de Corcelle.

> Mon pèr' m'a fait bâtir château,
> Sur l'herbette nouvelle... ah! je m'en vais!
> Sur l'herbette nouvelle.

> L'a fait bâtir sur trois carreaux
> Sur l'herbette nouvelle, etc.

> Les trois carreaux en sont d'argent,
> Sur l'herbette nouvelle, etc.

> De pardessous ruisseau coulant,
> Sur l'herbette nouvelle, etc.

> Les trois canards s'y vont baignant,
> Sur l'herbette nouvelle, etc.

> Le fils du roi les va mirant,
> Sur l'herbette nouvelle, etc.

> Il a tiré sur le devant (le premier),
> Sur l'herbette nouvelle, etc.

> De par les yeux sortit le sang,
> Sur l'herbette nouvelle, etc.

> De par le bec l'or et l'argent,
> Sur l'herbette nouvelle... ah! je m'en vais,
> Sur l'herbette nouvelle.

M. de Corcelle ajoute :

Cette chanson est très en usage pendant les moissons. Je l'entends chaque année.

Une seule moissonneuse chante le récit. Le refrain est en chœur et à l'unisson. Il en est de même pour la chanson : *A Paris, à la Rochelle.*

> Emm'nons la bergère aux champs (*bis*),
> Où i' y a de l'herbe tant!
> Emm'nons-la jouer, emmenons-la, ma bergère,
> Emmenons-la jouer.

> Trois faucheurs y vont fauchant (*bis*),
> Trois faneus's y vont fanant.
> Emm'nons-la jouer, emm'nons-la, ma bergère,
> Emmenons-la jouer.

Trois faneus's y vont fanant (*bis*),
L' fils du roi les va mirant.
Emm'nons-la, etc.

L' fils du roi les va mirant (*bis*).
— Sir', que regardez-vous tant!
Emm'nons-la, etc.

Sir', que regardez-vous tant' (*bis*)!
— Vos beaux yeux qui plaisent tant.
Emm'nons-la, etc.

Vos beaux yeux qui plaisent tant (*bis*)!
— I' n' sont pas pour vous pourtant.
Emm'nons-la, etc.

I' ne sont pas pour vous pourtant (*bis*).
Sont pour mon berger des champs.
Emm'nons-la, etc.

Sont pour mon berger des champs (*bis*).
Nous nous marierons à la Saint-Jean.
Emm'nons-la, etc.

Nous nous marierons à la Saint-Jean (*bis*) :
C'est le plus beau jour de l'an.
Emm'nons-la, etc.

C'est le plus beau jour de l'an (*bis*)
Que le jour de la Saint-Jean.
Emm'nons-la jouer, emmenons-la, ma bergère,
Emm'nons-la jouer.

A Paris, à la Rochelle, ah! sous les bois!
Ah! sous les bois!
Sous la feuille nouvelle!

On a vu trois demoiselles, ah! sous les bois! etc.

La plus jeune est la plus belle, ah! sous les bois! etc.

Sa mèr' la coiffe à la chandelle, ah! sous les bois! etc.

J' n'en s'rai pas plutôt mariée, ah! sous les bois! etc.

Vous le s'rez une autre année, ah! sous les bois! etc.

Une autre année, je serai morte, ah! sous les bois! etc.

Si je meurs que l'on m'enterre, ah! sous les bois! etc.

Que l'on m'enterr' dans mon coffre, ah! sous les bois! etc.

Qu' le couvercle en soit de roses, ah! sous les bois! etc.

Ceux qui ceuill'ront de ces roses, ah! sous les bois! etc.

Ils prieront Dieu pour la belle, ah! sous les bois !
Ah! sous les bois!
Sous la feuille nouvelle!

CHANSON BRETONNE.

Mon pèr' m'a mariée à la Saint-Nicolas, ah! ah!
Il m'a donné un homme que mon cœur n'aime pas, ah! ah!
Ouh! ouh! ouh! ça ne va guère,
Ah! ah! ah! ah!'ça ne va pas.

Ah! mon pèr', mon chèr' père, quel mari j'ai donc là, ah! ah! —
— Taisez-vous, ma chèr' fille, des écus il en a, ah! ah!
Ouh! ouh! ouh! etc.

Taisez-vous, ma chèr' fille, des écus il en a, ah! ah! —
— Que me fait la richesse quand le cœur n'y est pas, ah! ah!
Ouh! ouh! ouh! ça ne va guère,
Ah! ah! ah! ah! ça ne va pas.

VI.

CHANTS QUI SE RAPPORTENT AUX DIVERS ÉVÉNEMENTS ET AUX DIVERSES PHASES DE L'EXISTENCE, LE MARIAGE, LE BAPTÊME, UNE PREMIÈRE COMMUNION, UNE PRISE DE VOILE, UNE MORT, UN ENTERREMENT.

A cette classe appartient la *Chanson de la mariée*, chantée aux noces bretonnes, dès le temps de madame de Sévigné, dont il existe des variantes dans plusieurs provinces, et dont le comité a entre les mains jusqu'à six versions différentes. Deux viennent de Bretagne, l'une recueillie par M. de Corcelle, l'autre envoyée par M. Marre.

Une version de la *Chanson de la mariée*, en patois poitevin, a été donnée avec la musique par M. de la Villegille [1]. Deux versions en français ont été publiées avec la musique, telles qu'elles se chantent dans le Poitou et dans quelques départements voisins, par M. Guerry [2].

[1] *Notice historique et archéologique sur la paroisse de Chavagnes-en-Paillers* (Vendée), p. 26.
[2] *Note sur les usages et les traditions du Poitou*, par M. Guerry, avocat, à Tours. (*Mémoires et dissertations sur les antiquités nationales et étrangères,* publiés par la Société royale des antiquaires de France, t. VIII° (Paris, 1839, in-8°), p. 462.

Le comité se plaît à citer ces nombreuses variations sur un même thème, comme fournissant un frappant exemple des transformations perpétuelles de la poésie populaire, et pouvant faire sentir aux correspondants quel est l'intérêt *des variantes*, que le comité les engage à recueillir toujours avec soin. Nous donnerons la version bretonne, d'après M. de Corcelle, et une traduction du chant poitevin, transmise par M. de la Villegille : ·

CHANSON DE LA MARIÉE.

M. de Corcelle l'a entendu chanter par des vendangeurs, près de Niort, sur un air différent de l'air de Bretagne; il en connaît un troisième. Elle était accompagnée d'une pantomime. La mariee figurait sur un siége à part, et une jeune fille lui adressait ces couplets[1] :

Rossignolet des bois, rossignolet sauvage (*bis*),
Rossignolet d'amour qui chante nuit et jour (*bis*).

Il dit dans son jargon, dans son joli langage (*bis*) :
Filles, mariez-vous, le mariage est doux (*bis*).

Nous sommes v'nus ce soir, du fond de nos bocages,
Vous faire compliment de votre mariage,
A monsieur votre époux aussi bien comme à vous (*bis*).

Vous voilà donc liée, Madame la mariée, (*bis*)
Avec un lien d'or qui ne délie qu'à la mort (*bis*).

Avez-vous bien compris c' que vous a dit le prêtre?
A dit la vérité, ce qu'il vous fallait être :
Fidèle à votre époux et l'aimer comme vous (*bis*).

Quand on dit son époux, souvent on dit son maître.
Ils ne sont pas toujours doux comme ont promis d'être,
Car doux ils ont promis d'être toute leur vie (*bis*).

Vous n'irez plus au bal, Madame la mariée,
Vous n'irez plus au bal, à nos jeux d'assemblées;
Vous gard'rez la maison, tandis que nous irons (*bis*)!

Quand vous aurez chez vous des bœufs, aussi des vaches,
Des brebis, des moutons, du lait et du fromage,
Il faut, soir et matin, veiller à tout ce train (*bis*).

Quand vous aurez chez vous des enfants à conduire,
Il faut leur bien montrer et bien souvent leur dire,
Car vous seriez tous deux coupables devant Dieu (*bis*).

Les vers de cette chanson peuvent se dédoubler.

Si vous avez chez vous quelques gens à conduire,
Vous veillerez surtout qu'ils aillent à confesse,
Car un jour devant Dieu vous répondrez pour eux (*bis*).

Recevez ce gâteau que ma main vous présente :
Il est fait de façon à vous faire comprendre
Qu'il faut, pour se nourrir, travailler et souffrir (*bis*).

Recevez ce bouquet que ma main vous présente :
Il est fait de façon à vous faire comprendre
Que tous les vains honneurs passent comme les fleurs (*bis*).

Voici maintenant la *Chanson de la mariée* d'après le texte poitevin, telle qu'elle est connue dans une partie de la Vendée :

Le rossignolet des bois,
Le rossignolet sauvage,
Le rossignol plein d'amour,
Qui chante nuit et jour.

Il dit dans son beau chant,
Dans son joli langage,
Fillett's mariez-vous,
Le mariage est bien doux.

Il en est de bien doux (des maris)
Tout comm' de bien volages ;
Ils ont bien des appas,
Ne vous y fiez pas !.....

Celui-là qu' vous prenez,
Ils dis'nt qu'il est fort sage ;
Il me semble être né
Pour conduire un ménage ;
Celui qu' vous avez pris
S'ra doux, il l'a promis.

Avez-vous remarqué
C' que vous a dit le prêtre ?
Il a dit vérité,
En disant qu'il faut être
Soumise à votre époux,
Et l'aimer comme vous.

Si vous avez chez vous
Des valets à conduire,
Il faut veiller sur tous,
Pour qu'il n'y ait rien à r'dire
Sur leur fidélité,
Leur sagesse et bonté.

faut veiller sur eux,
S'ils vont bien à la messe,
S'ils font bien leurs devoirs,
S'ils vont bien à confesse;
Il faut, soir et matin,
Veiller à tout ce train.

Vous n'irez plus au bal,
Madame la mariée!
Vous n'irez plus au bal,
Aux jeux ni aux veillées :
Vous gard'rez la maison,
Pendant que nous irons.

Prenez donc ce gâteau
Que ma main vous présente;
Il est fait d'un' façon
Pour vous faire comprendre
[1] Que tous ces vains honneurs
Pass'ront comme ces fleurs.

Où est-il votre époux,
Madame la mariée?
Où est-il votre époux?
Est-il auprès de vous?

S'il est auprès de vous
Faites-nous-le connaître;
S'il est auprès de vous,
Époux, embrassez-vous.

LA MARIÉE.

Et n' le voyez-vous pas
Là, qui vous verse à boire?
Qui boit à vos santés :
C'est pour vous saluer.

LE CHOEUR.

Payez-nous nos rançons[2],
Madame la mariée,
Donnez-nous nos rançons,
Après nous nous en irons.

[1] Variante : Qu'il faut, pour se nourrir,
        Travailler et souffrir.
[2] *Rançon* signifie ici salaire, ce qui est dû aux chanteuses pour leur peine.

LA MARIÉE.

Quell' rançon voulez-vous,
Mes belles jeunes filles?
Quell' rançon souhaitez-vous,
Qui soit à votre goût?

LE CHŒUR.

Un gâteau de six blancs,
Madame la mariée,
Un gâteau seulement,
Et nos cœurs s'ront contents.

LA MARIÉE.

Un gâteau de six blancs,
Cela n'est pas grand'chose;
Un garçon de vingt ans
F'rait vos cœurs plus contents.

LE CHŒUR.

Nous vous souhaitons l' bon soir,
Madame la mariée;
Nous vous souhaitons l' bon soir,
Et à la compagnie;
Nous vous souhaitons l' bonsoir,
Adieu, jusqu'au revoir.

La première version est plus poétique et plus grave, la seconde est plus développée et plus rustique.

En Corse, on chante en l'honneur d'un mort des couplets toujours composés ou plutôt improvisés par des femmes, analogues aux *myriologues* des Grecs modernes et aux *coronachs* écossais. Ces chants s'appellent, en Corse, *vocero* ou *ballata*. Dans le Béarn, des chants analogues portent le nom d'*aûrost*.

Voici des fragments d'un *vocero* corse composé par une mère pour sa fille, et dont la traduction a été communiquée par M. Graziani, employé au ministère de l'instruction publique.

VOCERO D'UNE MÈRE SUR LA MORT DE SA FILLE.

Or voici ma fille,
Jeune fille de seize ans;
La voici sur la *tola* (table mortuaire),
Après tant de souffrances;

La voici vêtue
De ses plus beaux habits.
Avec ses plus beaux habits
Elle veut partir à présent;
Parce que le seigneur
Ne veut plus la laisser ici.
. . . .
. . . .
. . . .
Oh! combien à présent le paradis
Sera plus beau!
Mais aussi, pour moi, comme
Le monde sera plein de tourments!
Un jour sera mille ans,
En pensant à toi;
Demandant toujours à tous :
« Où est ma fille?»
O mort! pourquoi arracher
Ma fille de mon sein,
Et pourquoi me laisser
Ici bas pour pleurer toute seule?
Que veux-tu que je fasse ici
Si elle n'est plus là pour me consoler?
Au milieu de parents sans affection,
Au milieu de voisins sans amour,
Si je tombe malade au lit,
Qui est-ce qui essuiera ma sueur?
Qui est-ce qui me donnera une goutte d'eau?
Qui est-ce qui ne me laissera pas mourir?
. . . .
. . . .
. . . . [1]

VII.

CHANTS QUI SE RAPPORTENT AUX PROFESSIONS ACTIVES, TELLES QUE CELLES DE SOLDAT, DE MARIN, ETC.

Les chansons de soldats peuvent célébrer une bataille, un siége. On devra les rechercher auprès des vieux soldats ou dans les localités qui ont été le théâtre de siéges ou de combats mémorables. Si elles sont narratives, elles seront placées parmi les chants historiques; si elles offrent, non le récit d'un fait, mais l'expression de sentiments belliqueux à l'occasion de ce fait, elles pren-

[1] Extrait des *Canti popolari corsi*, Bastia, 1843, in-12.

dront place parmi les chants guerriers. On ne pourra se dispenser d'admettre la vieille chanson des soudards, qui peint si bien les maux que faisait éprouver aux campagnes une soldatesque effrénée :

> Soudards que nous sommes,
> . . . .
> Tant que la guerre durera
> Le paysan nous nourrira.

D'autres chansons de soldats, inspirées par de plus nobles sentiments, ne pourront manquer d'être recueillies.

On recherchera les chansons de marins dans les ports de mer et à bord des bâtiments.

M. de la Villemarqué a envoyé au comité

LES FILLES DE LA ROCHELLE.

(Chanson de matelots bretons.)

> Sont les fill's de la Rochelle
> Qui ont armé un bâtiment (*bis*),
> Pour aller faire la course
> Dedans les mers du Levant.
> Et lon lon la je n'ai point de maîtresse,
> Je passe mon temps fort joliment.

> Pour aller faire la course
> Dedans les mers du Levant (*bis*);
> La coque en est en bois rouge,
> Travaillé fort proprement.
> Et lon lon la je n'ai point de maîtresse, etc.

> La coque en est en bois rouge,
> Travaillé fort proprement (*bis*);
> La grand'vergue est en ivoire,
> Les poulies en diamant.
> Et lon lon la, etc.

> La grand'vergue est en ivoire,
> Les poulies en diamants (*bis*),
> La grand'voile est en dentelle,
> La misaine en satin blanc.
> Et lon lon la, etc.

> La grand'voile est en dentelle,
> La misaine en satin blanc (*bis*),
> Les cordages du navire
> Sont tout fil d'or et d'argent.
> Et lon lon la, etc.

Les cordages du navire
Sont tout fil d'or et d'argent (*bis*),
Et la cale est toute pleine,
Toute pleine de vin blanc.
Et lon lon la, etc.

Et la cale est toute pleine,
Toute pleine de vin blanc (*bis*),
Et l' capitain' du navire
Est le roi des bons enfants.
Et lon lon la, etc.

Hier, faisant ma promenade
Dessus le gaillard d'avant (*bis*),
J'aperçus une brunette,
Qui pleurait dans les hauts-bancs.
Et lon lon la, etc.

J'aperçus une brunette,
Qui pleurait dans les hauts-bancs (*bis*) ;
Je lui dis : genti brunette
Qu'avez-vous à pleurer tant ?
Et lon lon la, etc.

Je lui dis : genti brunette
Qu'avez-vous à pleurer tant (*bis*) ?
Av' vous perdu père ou mère,
Ou quelqu'un de vos parents ?
Et lon lon la, etc.

Av' vous perdu père ou mère,
Ou quelqu'un de vos parents (*bis*) ?
— J' n'ai perdu père ni mère
Ni aucun de mes parents.
Et lon lon la, etc.

J' n'ai perdu père ni mère
Ni aucun de mes parents (*bis*),
Je pleure ma rose blanche,
Qui s'en fut la voile au vent.
Et lon lon la, etc.

Je pleure ma blanche rose,
Qui s'en fut la voile au vent (*bis*) ;
Ell' s'en alla vent arrière,
R'viendra-t-elle en louvoyant?
Et lon lon la, je n'ai point de maîtresse,
Je passe mon temps fort joliment.

Les bateliers des fleuves et des rivières ont aussi leurs chants.
M. Lagravère, de Bayonne, employé au ministère de l'intérieur, a
communiqué une chanson sur les bateliers de la Nive et de l'Adour,
connue sous le nom de *lous Tilloulés,* avec l'air noté et la traduction. Ce chant, peu distingué comme poésie, a un certain en-
train de la profession et une certaine saveur du pays qui pourront
le faire admettre :

LES TILLOLIÉS.

Avez-vous vu les tilloliés?
Comme ils sont brav's, hardis, légers,
    Faisant leur promenade
    Au-d'ssus de Peyrehorade,
    Et tirant l'aviron
    Tout droit chez le patron !

Quand ils furent devant Peillic [1],
Monsieur le comte leur a dit :
    Un couple de pistoles,
    Mes enfants, seront bonnes
    Pour boire à ma santé;
    Vive le tillolié!

— Monsieur Verdié, nous vous saluons
Avec notr' berret à la main;
    Excusez la hardiesse
    D'une brave jeunesse
    Qui vient vous inviter
    A la r'garder sauter.

Venez, Madame, s'il vous plaît;
Nous sommes tous d'honnêt's garçons.
    N' craignez pas l'ouragan
    Ni la pluie; nous avons
    Avec nous Chatelié,
    Le brave tillolié.

Pour promener l' temps est beau;
Embarquez-vous dans not' bateau.
    Que votre gouvernante
    Est jolie et charmante !
    Pour être de Paris;
    Ell' sembl' de not' pays.

---

[1] Endroit ainsi nommé sur les bords de l'Adour.

En arrivant au Pont-Mayou,
Le quartier l' plus beau de Bayonne,
   Du haut de la tillole
   Ils font la cabriole,
   Du pont de Panecau
   Ils font le soubresaut.

Puis, en reprenant l'aviron,
Ils s'en vont droit à Saint-Léon [1],
   Montrer à la jeunesse
   A nager avec hardiesse,
   Pour apprend' comme il faut
   A fair' le soubresaut.

VIII.

CHANSONS PROPRES AUX PROFESSIONS SÉDENTAIRES, AUX FORGERONS, AUX TISSERANDS, AUX TAILLEURS, AUX CORDONNIERS, AUX SABOTIERS, AUX FILEUSES, AUX MENUISIERS; CHANSONS DE COMPAGNONS.

Voici la chanson des cordonniers, envoyée par M. Marre, et qui, malgré son enjouement, présente une conclusion assez morale :

LES CORDONNIERS. (Environs de Saint-Brieuc.)

Les cordonniers sont pir's qu' les évêques (*bis*);
Tous les lundis ils font une fête,
   Lonla.
Battons la semelle, le beau temps viendra.

Tous les lundis ils font une fête (*bis*),
Et l' mardi ils ont mal à la tête,
   Lonla.
Battons la semelle, le beau temps viendra.

Et l' mardi ils ont mal à la tête (*bis*);
L' mercredi ils vont voir Cath'rinette,
   Lonla.
Battons la semelle, le beau temps viendra.

L' mercredi ils vont voir Cath'rinette (*bis*);
Le jeudi 'ls aiguisent leurs alènes,
   Lonla.
Battons la semelle, le beau temps viendra.

[1] C'était en face de la chapelle et de la fontaine de Saint-Léon, sur la Nive, que les tilloliés allaient autrefois montrer à nager aux enfants que les parents leur confiaient en sortant de l'école.

> Le jeudi 'ls aiguisent leurs alènes (*bis*);
> L' vendredi ils sont sur la sellette,
>   Lonla.
> Battons la semelle, le beau temps viendra.
>
> L' vendredi ils sont sur la sellette (*bis*);
> L' samedi petite est la recette,
>   Lonla.
> Battons la semelle, le beau temps viendra.

Certaines industries locales ont leurs chansons; telle est celle des dentelières de la Flandre française pour la fête de sainte Anne, leur patronne [1].

IX.

CHANSONS QUI SE RAPPORTENT AUX DIVERS TRAVAUX DE LA CAMPAGNE : AUX SEMAILLES, À LA MOISSON, AUX VENDANGES, À LA CUEILLETTE DES OLIVES.

Selon M. Fauriel, des chants de cette sorte, qui existaient au moyen âge dans le midi de la France, remontaient à d'anciens chants populaires grecs, apportés par la colonie phocéenne. Il serait bien intéressant de chercher si des chansons analogues subsistent encore dans la France méridionale. Tout ce qui a trait aux travaux des champs et à la vie agricole mérite d'être noté avec soin. Le plus ancien chant populaire connu est un couplet, adressé par un laboureur à ses bœufs, écrit en hiéroglyphes, il y a environ trois mille ans, et traduit par Champollion [2] :

> Battez pour vous (*bis*),
>   Ô bœufs,
> Battez pour vous (*bis*),
> Des boisseaux pour vos maîtres.

Ce vieux couplet égyptien, qui constate l'antiquité du *bis*, ressemble assez, par le mouvement, au refrain de la chanson *des Moissonneurs*, qui se chante dans le bas Maine à la fête *de la gerbe* :

> Ho! batteux, battons la gerbe,
> Compagnons, joyeusement [3]!

[1] M. Louis de Baecker, *les Flamands de France*, etc. p. 111.

[2] *Lettres écrites d'Égypte et de Nubie en 1828 et 1829,* par Champollion le Jeune; Paris, 1833, in-8°, p. 196.

[3] *Lettres sur l'origine de la chouannerie et sur les chouans du bas Maine*, par J. Duchemin-Descepeaux; Paris, 2 vol. in-8°, 1825-27, t. II, p. 131.

X.

CHANSONS DE CHASSEURS, DE PÊCHEURS, DE BERGERS.

A cette dernière catégorie se rapportent les *pastourelles,* genre gracieux dont on a tant d'exemples dans notre vieille langue du moyen âge. Le sujet est toujours à peu près le même. C'est un chevalier qui fait rencontre d'un bergère et lui offre son amour. Le plus souvent la bergère repousse la séduction; quelquefois aussi elle cède. Dans une chanson, dont le sujet est analogue, mais dont la date est beaucoup plus moderne, une beauté des champs rejette les vœux d'un *bourgeois de ville,* auquel elle préfère son ami Nicolas.

XI.

CHANSONS SATIRIQUES.

Elles forment une partie importante du génie poétique de nos pères. Ceux qui recueilleront les compositions de ce genre feront bien de noter les circonstances dans lesquelles elles se sont produites et d'expliquer les allusions qu'elles peuvent renfermer.

Ces chansons ont pour objet, soit des événements ou des personnages publics, soit des aventures particulières.

A cette dernière classe appartiennent les couplets populaires chantés dans les *charivaris.*

Les chansons et noëls satiriques abondent dans l'histoire de la vieille France; mais peu de ces chansons furent véritablement populaires. Leur popularité était à la cour et dans les salons, plutôt que dans les champs ou dans la rue. Cependant elles y arrivaient, et devront être admises quand leur diffusion dans toutes les classes de la société sera attestée par l'histoire ou rendue probable par la tournure vraiment populaire des couplets.

On trouve quelques-unes de ces chansens éparses dans le vaste recueil connu sous le nom de *Collection Maurepas;* en voici deux exemples; le premier se rapporte au siége de Lérida, le second au duc de Villeroi sous Louis XIV :

> Ils reviennent nos guerriers (*bis*),
> Fort peu chargés de lauriers ;
> La couronne en est trop élevée.
> Lère la lère lanlère,
> Lère la lé lérida.

La prudence de Villeroy
A sauvé le royaume;
Il a fort bien servi le roi,
Mais c'est le roi Guillaume.

XII.

CHANSONS DE CIRCONSTANCE, À PROPOS D'UNE INVENTION, D'UNE MODE, D'UN ÉVÉNEMENT GRAND OU PETIT, QUI FRAPPE L'IMAGINATION DU PUBLIC.

Par exemple, au sujet de l'invention et de la vogue incroyable du *pantin* au milieu du xviii° siècle, on composa une multitude de chansons de toute espèce, dont la plus populaire commençait ainsi :

Que pantin serait content,
S'il avait l'art de vous plaire;
Que pantin serait content,
S'il vous plaisait en dansant.

Ces chansons, quelque triviales qu'elles puissent sembler, ont leur importance pour l'histoire des usages et des mœurs.

XIII.

CHANSONS BADINES COMPRENANT LES CHANSONS BACHIQUES.

Elles pourront être admises dans le recueil, toutes les fois que la gaieté n'y passera pas grossièrement les bornes de la décence et qu'elles auront un caractère véritablement populaire.

Là trouveront place les chansonnettes dont le ton est enjoué, sans être trop libre. En respectant les convenances qu'impose au recueil un but sérieux, le comité pense qu'il ne faut pas pousser la sévérité trop loin, car si par une austérité excessive on retranchait de ce recueil tout ce qui est badin et léger, on effacerait un des principaux traits du caractère national, qu'il est appelé à représenter.

Cette remarque s'applique également aux chansons composées sur des airs de danse, aux rondes et bourrées. Le comité a reçu un assez grand nombre de rondes, presque toutes remarquables par la gaieté et la grâce. Nous nous bornerons à citer une de celles que nous a transmises M. Marre.

RONDE[1].

Derrière chez mon père, y a un ormeau fleuri,
Tous les oiseaux du monde vont y faire leur nid,
La caille, la tourt'relle, la jolie perdrix,
Et la jolie colombe qui chante jour et nuit.
Ah! je ne puis là, lilarira, le soir m'endormi'.

Et la jolie colombe qui chante jour et nuit,
Qui chante pour les filles qui n'ont point leurs amis.
Ne chante pas pour moi, car j'en ai un joli :
Il est dans la Hollande; les Hollandais l'ont pris!
Ah! je ne puis là, lilarira, le soir m'endormi'.

Il est dans la Hollande; les Hollandais l'ont pris!
— Que donneriez-vous, belle, à qui vous l'irait qu'ri'?
— Je donnerais Touraine, Paris et Saint-Denis,
Et la claire fontaine qui est dans mon jardin.
Ah! je ne puis là, lilalira, me lever le matin.

M. le docteur Roulin a trouvé la même ronde en Bretagne avec un autre rythme et un autre refrain. Il est, à remarquer que *tout Rennes* remplace Touraine; c'est le cachet du pays d'où provient cette version.

Les rondes ont souvent conservé des traces évidentes de la poésie chevaleresque du moyen âge, et offrent un souvenir des héros que cette poésie a célébrés, par exemple d'Ogier le Danois.

Qui est dans ce château?
Ogier (*ter*),
Qui est dans ce château?
Beau chevalier.

M. P. Pâris a fait remarquer que ce refrain avait cela de curieux, qu'il se rattachait à l'une de nos grandes *chansons de geste* les plus populaires. Pendant la disgrâce et la captivité d'Ogier le Danois, Charlemagne avait menacé d'une mort honteuse quiconque prononcerait devant lui le nom d'Ogier. Trois cents écuyers se donnent alors le mot; ils viennent devant le palais de Charlemagne crier, comme d'une seule voix, *Ogier! Ogier! Ogier!* et Charlemagne, n'osant punir la fleur de la chevalerie, aime mieux céder et pardonner à Ogier.

[1] Les vers de cette ronde peuvent se dédoubler.

Les refrains isolés, quand le chant dont ils faisaient partie s'est perdu, ne devront pas être négligés.

Il en est de même des rondes chantées par les enfants, car elles peuvent contenir des traits qui prouvent, soit leur antiquité, soit une origine étrangère. Ainsi :

> La tour prend garde
> De te laisser abattre.....

semble remonter à une époque féodale.

La ronde

> Nous n'irons plus au bois,
> Les lauriers sont coupés....

doit appartenir à un climat plus méridional que celui des environs de Paris, où les lauriers ne croissent pas dans les bois.

Enfin, on ne dédaignera pas les chansons de nourrice et de berceuses, appelées en anglais d'un nom particulier *lullaby*. M. Blanc a envoyée une chanson de nourrice en patois provençal, dont le sujet est assez singulier et le tour très-populaire, bien que la rédaction ne semble pas ancienne.

Voici la traduction française :

1.

> Le roi a un' nourrice,
> Belle comme le jour;
> Le roi a un' nourrice,
> Grand Dieu d'amour,
> Belle comme le jour.

2.

> Elle s'est endormie,
> Le dauphin dans ses bras;
> Elle s'est endormie,
> Grand Dieu, hélas!
> Le dauphin dans les bras.

3.

> Quand ell' s'est réveillée,
> L'a trouvé étouffé.

4.

> Ell' le prend, l'emmaillotte,
> Ell' dit qu'ell' va laver.

5.

Le roi est à la f'nêtre,
Le roi l'a vue passer.

6.

Où allez-vous, nourrice?
Le dauphin pleurera.

7.

N'ayez pas peur qu'il pleure,
J' l'ai bien emmaillotté.

8.

Ell' va fair' dire un' messe
A Not'-Dame-de-Pitié.

9.

Au premier évangile,
L'enfant a soupiré.

10.

Au dernier évangile
L'enfant s'est relevé.

Dans une *chanson de berceuse,* originaire de la Corse, et communiquée par M. Graziani, se trouvent des imaginations étranges comme il s'en rencontre dans les poésies populaires des peuples du Midi et de l'Orient.

La mère parle à son enfant qu'elle endort par un refrain monotone et doux à l'oreille; entre deux refrains, elle lui dit :

Quand enfin vous naquîtes,
On vous fit baptiser.
La lune fut la marraine,
Et le soleil le parrain.
Les étoiles qui étaient dans le ciel
Avaient des colliers d'or.

On n'a pas voulu grossir inutilement ces instructions en y insérant tous les morceaux que les premières recherches du comité, servies par le zèle des correspondants, ont déjà mis à sa disposition, et qui pourront trouver place dans le recueil. On n'a voulu qu'indiquer le caractère de cette collection et donner comme des types des principales classes de chants populaires qu'elle devra contenir. C'est pour le comité un vif sujet d'espérance que d'avoir déjà réuni plus de matériaux qu'il n'en pouvait employer. Quand un appel aura été fait aux collecteurs par la publication de ces instructions, on a lieu d'attendre que leurs investigations produiront un recueil abondant de chants populaires, où entreront à la fois les plus vieux et les plus grands souvenirs de notre histoire, aussi bien que les naïves fantaisies et les gracieux badinages de l'esprit français, et qui présentera une image fidèle et vivante du génie de notre nation.

Imprimerie impériale. — Novembre 1853.

www.ingramcontent.com/pod-product-compliance
Lightning Source LLC
Chambersburg PA
CBHW051248030726

47595CB00003B/1147